JN381742

박시백의 조선왕조실록

5

단종·세조실록

일러두기
2024 어진 에디션은 정사 《조선왕조실록》을 바탕으로 한 이 책의 특징을 드러내고자
어진과 공신화에서 모티브를 얻어 박시백 화백이 새롭게 표지화를 그렸다. (표지화 인물: 세조)

박시백의
조선왕조실록

The Veritable Records of
the Joseon Dynasty

5

The Veritable Records of
King Danjong and Sejo

단종·세조실록

Humanist

머리말

　　외환위기가 한창이던 때였다. 어쩌다가 사극을 재미있게 보게 되었는데 역사와 관련한 지식이 너무도 부족한 자신을 발견하게 되었다. 그도 그럴 것이 젊은 날에 본 역사서는 근현대사가 대부분이었고, 조선사에 대한 지식이라고는 중·고교 시절에 학교에서 배운 단편적인 것들이 거의 전부였다. 당시 나는 신문사에서 시사만화를 그리고 있었다. 다행히 신문사에는 조그만 도서실이 있었는데, 틈틈이 그곳에서 난생처음 조선사에 대한 여러 책을 접할 수 있었다.

　　조선사, 특히 정치사는 흥미진진했다. 거기에는 우리에게 익숙한 수많은 역사적 인물의 신념과 투쟁, 실패와 성공의 이야기가 있었고, 《삼국지》나 《초한지》 등에서 만나는 극적인 드라마와 무릎을 치게 하는 탁월한 처세가 있었다. 만화로 그리면 재미있겠다는 생각이 들었다. 몇 권 더 구해 읽다 보니 한 가지 궁금증이 생겼다. 어디까지가 정사에 기록된 것이고 어느 부분이 야사에 소개된 이야기인지가 모호했다. 이 대목에서 결심이 섰던 것 같다. 조선 정치사를 만화로 그리자, 그것도 철저히 《실록》에 기록된 정사를 바탕으로 그리자.

　　곧이어 다니던 신문사를 그만두고 《국역 조선왕조실록 CD-ROM》을 구입했다. 돌이켜보면 참 무모한 결심이었다. 특정한 출판사와 계약한 것도 아니고, 《실록》의 한 쪽도 직접 본 적 없는 상태에서 작업에 전념한다는 미명 아래 회사부터 그만두었으니. 내 구상만 듣고 아무 대책 없는 결정에 동의해준 아내에게도 뭔가가 씌었던 모양이다. 궁궐을 찾아 사진을 찍고 화보자료를 찾아 헌책방을 기웃거렸다. 1권에 해당하는 부분을 공부한 뒤 콘티를 짜기 시작했다. 동네를 산책하면서도 머릿속에서는 항상 그 시대의 인물들이 이야기를 주고받고 다투곤 했다. 어쩌다 어떤 인물의 행동이 새롭게 이해되기라도 하면 뛸 듯이 기뻤다.

마침내 펜션을 입히면서 수십 장이 쌓인 뒤 처음부터 읽어보면 이게 아닌데 싶어 폐기하기를 서너 번, 그러다 보니 어느새 1년이 후딱 지나가버렸다. 아무런 결과물도 없이 1년이 흘렀다고 생각하니 슬슬 걱정이 차오르기 시작했다. 이러다간 안 되겠다 싶어 100여 장의 견본을 만들어 무작정 출판사를 찾아가기로 했다. 그렇게 견본을 만든 후 몇 군데에서의 퇴짜는 각오하고 출판사를 찾아가려던 차에 동료 시사만화가의 소개로 휴머니스트를 만나게 되었고, 덕분에 다른 출판사들을 찾아가지는 않아도 되었다.

이 만화를 그리며 염두에 둔 나름의 원칙이 있다면 이랬다.
첫째, 정치사를 위주로 하면서 주요 사건과 해당 사건에 관련된 핵심 인물들의 생각과 처신을 중심으로 그린다.
둘째, 《실록》의 기록을 바탕으로 하면서 학계의 최근 연구 성과를 적극 고려하고 필자 스스로도 적극적으로 해석에 개입한다.
셋째, 성인 독자들을 주된 대상으로 삼되, 청소년들과 역사에 관심이 남다른 어린이들이 보아도 무방하게 그린다.

흔쾌히 출판을 결정해준 휴머니스트 김학원 대표와 책이 나오는 데 애써준 휴머니스트 식구들에게 감사드린다. 그리고 언제나 곁에서 응원해주고 적절히 비판해주는 아내와 사랑하는 두 딸! 고맙다.

2003년 6월

세계기록유산은 모두의 것이며,
모두를 위해 온전히 보존되고 보호되어야 하며,
문화적 관습과 실용성을 충분히 인식하여
모든 사람이 장애 없이 영구적으로 접근할 수 있어야 합니다.

The world's documentary heritage belongs to all,
should be fully preserved and protected for all and,
with due recognition of cultural mores and practicalities,
should be permanently accessible to all without hindrance.

―〈유네스코 '세계의 기억' 프로그램의 목표〉중에서

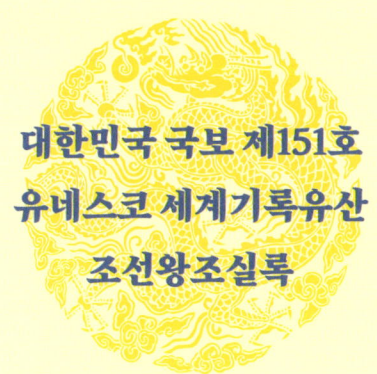

대한민국 국보 제151호
유네스코 세계기록유산
조선왕조실록

진실성과 신빙성을 갖추고
25대 군주, 472년간의 역사를 6,400만 자에 담은
세계에서 가장 장구하고 방대한 세계기록유산.
세계인이 기억해야 할 위대한 유산
《조선왕조실록》의 세계로 초대합니다.

차례

머리말 4
등장인물 소개 10

제1장 어린 임금과 장성한 대군

열두 살 소년 임금 14
《단종실록》의 진실 19
야심가 수양대군 23
수양과 안평의 세력 대결 32
한명회의 등장 42

제2장 계유정난

거사를 위한 준비 52
잘못된 판단 61
대호를 쳐라 66
생과 사 76
공신과 역적 83

제3장 한 마리 원통한 새

주공의 길, 수양의 길 94
우리는 나리의 신하가 아니오! 108
예정된 비극 120
전설 속으로 126

제4장 세조의 치세

강력한 왕권을 향해 134
세조식 리더십 141
세조 시대의 치적들 149
부국강병을 꿈꾸며 156
신숙주와 한명회 163

제5장 이루지 못한 꿈

공신의 나라 174
이시애의 난 184
퇴장을 위한 준비 198

작가 후기 204
《단종·세조실록》 연표 206
조선과 세계 210
Summary: The Veritable Records of King Danjong and Sejo 211
The Veritable Records of the Joseon Dynasty 212
세계기록유산, 《조선왕조실록》 214
도움을 받은 책들 215

등장인물 소개

단종
비극의 주인공. 조선의 제6대 임금이다.

김종서와 안평대군
세조에 의해 반역의 수괴로 낙인찍힌다.

이징옥
수양대군의 쿠데타에 반발해 난을 일으킨다.

황보인
영의정으로 김종서와 함께 단종을 보필.

금성대군
세종의 6남으로 수양대군의 쿠데타에 반대한다.

단종의 복위를 꾀하다 실패하여 죽음을 맞는다.

유응부　성승　성삼문　하위지　박팽년

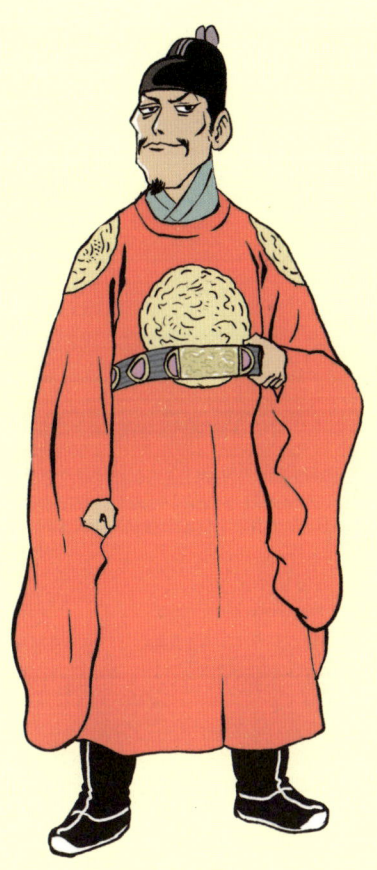

수양대군, 세조
조카인 단종을 몰아내고
조선의 제7대 왕이 된다.

신숙주와 한명회
세조의 왼팔, 오른팔 격이다.

양정   **권람**   **정인지**
세조의 면전에서   한명회의 벗이자
비판했다가   세조의 참모.
죽임을 당한다.

이시애의 난을 진압하고 신공신으로 떠오른다.

구성군   **남이**   **강순**

이시애
말년의 세조에게
최대의 위협을
안겨줬다.

경복궁 근정문
근정전으로 들어가는 문이다. 즉위식은 근정전 앞에서도 하고 근정문 앞에서도 했는데 단종은 근정문 앞에서 즉위식을 가졌다. 문 너머로 근정전이 보인다.

제1장

어린 임금과 장성한 대군

열두 살 소년 임금

조선 제6대 임금 단종.

여덟 살이 되던 세종 30년에 세손에 책봉되고

2년 뒤 문종이 즉위하자 세자에 책봉되었다.

그리고 이제 열두 살의 나이에 임금의 자리에 앉게 되었다.

나라의 주인이며 만백성의 어버이인 임금!

더없이 고귀하고 막중한 자리이나 위태롭기 그지없는 자리이기도 하다는 것을 역사를 통해 배웠다.

의지할 사람 하나 없이 넓디넓은 궁궐에 홀로 남겨진 소년 임금은 막막하기만 했다.

"무엇을 어떻게 해야 할지 어린 나로서는 알 수가 없구나!"

그러나 국정 운영이라는 면만 놓고 본다면 그렇게 걱정하지 않아도 되었다.

응?

새 임금이 미성년일 경우 왕실의 큰 어른인 대비가 수렴 뒤에서 섭정을 하는 게 이 시대의 관례.

"내게는 할머니도 어머니도 없질 않느냐?"

하여 의정부가 나랏일을 대신하게 되었다. 이때의 정승은 영의정 황보인, 좌의정 남지, 우의정 김종서였는데,

남지 / 콜록~ / 황보인 / 김종서

몇 달 뒤 남지가 병으로 물러나면서 김종서가 좌의정을 맡고 정분이 우의정을 맡게 되었다.

정분

왕은 형식상의 결재만 담당했고

실제 모든 결정은 의정부에서 이루어졌다.

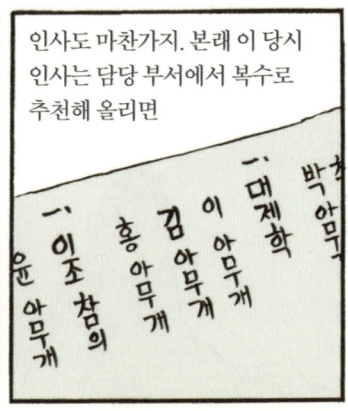
인사도 마찬가지. 본래 이 당시 인사는 담당 부서에서 복수로 추천해 올리면

임금이 이 중 한사람의 이름 위에 점을 찍어 결정했는데, 이를 낙점이라 한다.

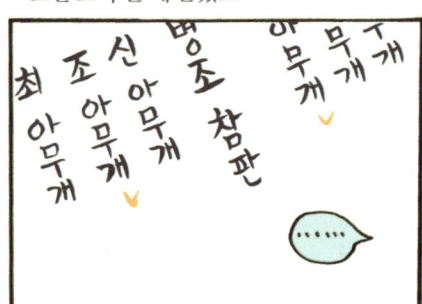
그러나 어린 단종의 경우 후보들의 신상과 자질을 잘 모르는 관계로 의정부에서 미리 후보 중 한 사람에게 '노란 표시'를 해 올렸고

임금은 그 위에 낙점을 하는 식이었다.
(황표정사)

경연 자리에서나 상소를 통해 젊은 신료들이 문제를 제기할 때면 다음과 같이 대답하는 게 고작이었다.

알겠소. 대신들과 의논해보겠소.

대신들과 이미 결정한 것이어서 바꿀 수 없소.

그러나 비록 어리지만 4년간 임금 수업을 받았고

《단종실록》의 진실

《단종실록》은 《조선왕조실록》의 대표적인 옥에 티. 본래는 《노산군일기》라는 이름으로 편찬되었는데

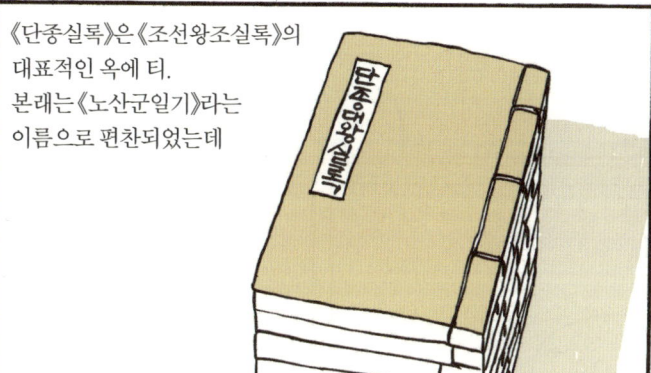

편찬 경위는 물론 편찬 일시나 편찬자의 이름조차 나와 있지 않다.

편찬일:?
편찬자:?

뒷날 숙종조에 이르러 단종이란 묘호가 추증된 뒤 《노산군일기》도 《단종실록》으로 개칭된다. 그러나 제목만 바뀌었을 뿐 본문에서는 여전히 단종은 노산군으로, 수양대군은 세조로 기술되어 있다.

단종실록이야, 세조실록이야?

내용은 사관이 기록한 사건 기사와 수양대군 측의 일방적 증언, 주장이 섞여 있는데, 그런 까닭에

사실+주장

수양대군이 사저에서 측근들과 나눈 얘기들도 상세히 실려 있다.

사관이 그 자리에 있었을 리는 만무한데...

《단종실록》의 기본 서술 방향 및 강조점은 다음과 같다.

一, 어리고 불안한 임금
一, 김종서 등 대신들의 전횡
一, 안평대군의 왕위 찬탈 음모와 대신들의 결탁
一, 수양대군의 영웅적인 면모와 우국충정

제1장 어린 임금과 장성한 대군 19

마치 1980년 5·18 직후의 신문들을 보는 느낌이다.

그러나 진실에 접근할 수 있는 길이 없는 것은 아니다.

구체적 근거가 없는 수양대군 측의 일방적 주장을 걷어내고

조금만 주의 깊게 《실록》의 기록을 살핀다면 진실은 그 윤곽을 드러낼 것이다.

가령 김종서의 전횡에 대한 기록을 보자. 증거로 내세우고 있는 거라고는 그의 성묘 길에 환송객이 장안을 메웠다거나

김종서나 황보인의 아들, 사위 들이 파격적인 승진을 했다는 정도다.

김종서의 집은 사대문 밖에 있었는데, 그 집이 호화로웠다는 표현조차 보이지 않는다.

이러한 정황들은 그가 엄청난 권력을 지녔으면서도 공인으로서의 절도를 잘 지켜나갔음을 보여준다.

뒤에 그의 전횡을 빌미로 쿠데타를 일으켜 집권한 수양대군 측 공신들이야말로 권세를 믿고 축재하는 등 갖은 말썽을 부렸죠.

아이러니하게도 《단종실록》을 통해 진실에 접근할 수 있도록 가장 큰 도움을 주는 건 수양대군 측의 자화자찬이다.

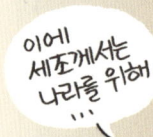
이에 세조께서는 나라를 위해…

먼저 저들을 제거한 다음 전하께 아뢰어…

수양대군의 우국충정을 찬양하고

그를 도운 공신들의 공적을 강조하려다 보니

계유정난의 진실이란 그들에 의한 왕위 찬탈 쿠데타임을 입증하는 여러 증거를 실어놓고 있는 것이다.

엥?!

야심가 수양대군

세종의 둘째 아들 수양대군!

유교 경전과 역사서는 물론, 역법·병서에도 두루 통달했고

풍수 또한 전문가 수준이었다.

음악 이론과 악기 연주에도 능했다.

실로 당대의 어떤 문사에게도 뒤지지 않을 학문적 소양과 교양을 갖추었다고 하겠다.

다음은 문종 시절의 일이다.

하고는 승려를 데리고 가버렸다.
이는 사헌부의 정당한 공무 집행을 방해한 것으로 명백한 월권이자 불충으로 취급받을 행동이었다.

"수양이 옳지 못한 일을 하는 것을 내 본 적이 없다. 사헌부의 일이 그르게 보여 풀어준 것일 뿐 무슨 조짐이 있다고 그러느냐?"

"작은 일을 방치하여 처음 번질 때 막지 않는다면 '이보다 더 큰 일'도 뜻대로 해버릴까 두렵사옵니다."

"어허! 수양은 충직해서 다른 마음이 없는 사람이다."

그 일은 그렇게 문종의 적극적인 비호로 넘어갈 수 있었다. 사실 이때는 이미 수양대군의 힘이 막강해진 상황이어서 문종으로서는 만일을 위해서라도 다독여야 했을 것이다.

수양대군의 야심은 단종의 즉위와 더불어 본격적으로 드러난다.

다음은 문종이 죽은 나흘 뒤로 단종의 즉위식이 있었던 날의 기록이다.

근정문에서 즉위하고 즉위 교서를 반포하였다. ··· 이날 위사와 백관은 소리 없이 울었다. 세조(안평)는 승하한 뒤 대궐에 이용(안평)은 승하한 뒤 대궐에 들어오면 기뻐하는 빛이 얼굴에 나타났다.

《단종실록》의 성격을 유감없이 보여주는 문장들이군 ──;;

제1장 어린 임금과 장성한 대군 29

이날 '가장 비통해하며' 수양대군이 했던 말을 들어보자.

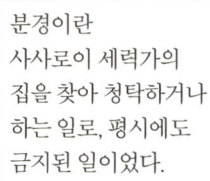

분경이란 사사로이 세력가의 집을 찾아 청탁하거나 하는 일로, 평시에도 금지된 일이었다.

* 합종연횡(合從連橫): 각자의 이익을 위해 이리저리 뭉쳐 세력을 이루어서 다툼.
* 붕당(朋黨): 같은 뜻이나 이익을 좇는 사람들의 집단.

수양과 안평의 세력 대결

세종은 수양과 안평에게 같은 비중의 일을 맡겼고 중요한 일은 둘이 같이 맡도록 했다.

보현봉에 올라 북극 고도를 잰 일이나

《운회》를 한글로 번역하는 작업의 감독,

세종의 수릉 터를 잡는 일에도 둘은 같이 참여했다.

불당 건립 등 불사를 벌일 때와

말년에 왕명을 전하는 일에도 둘은 함께 움직였다.

어명이오.

아무래도 어느 한쪽이 너무 커져 왕권을 위협할 수도 있다고 생각한 때문이 아닐는지.

······

제1장 어린 임금과 장성한 대군　33

둘은 그렇게 오랜 기간을 같이해왔지만

둘 사이에는 형제애와 협력의식보다 경쟁심이 강력히 자라났다.

수양의 자랑이 무인적 자질이라면

안평은 타고난 예술가. 시와 그림에 능했고

글씨로는 당대 최고의 명필이라는 평을 얻은 그였으니

중국 대신이 안평의 글씨를 청했다던데,

사적인 청이니 들어주면 아니 되옵니다.

자부심에 관한 한 결코 형인 수양에게 뒤지지 않았다.

힘이 커진 두 사람 주변에는 사람들이 모여들었고

둘의 관계가 경쟁적인 관계로 자리 잡자

조정 안팎에서는 친수양파, 친안평파가 형성되어 은근히 대립하게 된다. 단종 즉위 직후에 이미 조정과 종친은 물론 세종의 후궁, 환관, 시녀 들에 이르기까지 양 세력은 뚜렷이 형성되어 있었다.

이 대군 그룹에 맞설 만한 힘의 보유자는 역시 국가권력을 합법적으로 장악한 정승 중심의 대신 그룹이다.

집권 그룹은 안평대군의 손을 잡았다.

이전부터 가까운 관계여서일 수도 있겠지만

무엇보다도 그가 상대적으로 '덜 위험하게' 여겨졌기 때문일 것이다.

최소한 보위를 넘볼 위인은 아니지. ㅇㅇ

이로 인해 안평대군은 한순간에 형인 수양을 제치고 최강의 종친 실세로 떠오른다.

아쭈! 나만 고립시키겠다 이거지?

안팎의 힘이 안평에게로 쏠렸지만 종친 쪽에는 수양과 가까운 사람이 더 많았다.

수양의 지속적인 노력의 결과이자 대신들의 독주에 대한 종친들의 불만이 반영된 결과다.

"이씨의 나라를 지들이 뭔데"
"그러게 말이오. 안 그렇습니까?"

대표적인 수양 쪽 종친들로는 신망은 없지만 큰 어른 격인 양녕대군,

세종의 4남인 임영대군 이구,

그리고 계양군 이증, 의창군 이공, 밀성군 이침 등 세종의 후궁인 신빈 김씨의 아들들이었다.
(신빈 김씨는 세종이 죽자 여승이 되었다.)

수양 측에 의해 안평 쪽 종친으로 분류된 이들로는 세종의 6남인 금성대군 이유,

세종의 후궁인 혜빈 양씨의 아들들인 한남군 이어, 영풍군 이전 등이 있다.

금성대군은 단종의 숙부들 중 단종과 가장 가까웠던 인물.

세종은 문종과 함께 온천으로 떠날 때면 세손인 단종을 금성대군 집에 맡기곤 했다.

혜빈 양씨는 단종을 키운 유모이기도 해서 단종이 궐 내에서 가장 믿고 의지했던 여인이다.

이렇듯 수양 측에 의해 안평의 일당으로 규정된 사람들은 하나같이 단종과 무척 가까운 사람들이었음을 기억해두자.

수양은 단종이 즉위한 지 한 달도 안 돼 자신과 가까운 도승지 강맹경을 만나 혜빈 양씨에 대해 의논한다.

혜빈이 교태전에 들어가 궐 내를 마음대로 하려 하는데 곤란하지 않소?

그렇습니다. 홍 귀인이 내정을 주관해야 합니다.

혜빈 양씨는 당시 궐 내에서 빈의 첩지를 받은 유일한 인물.

귀인 홍씨는 문종의 후궁으로 슬하에 자식도 없는 상황이었다.

지위로 보나 서열로 보나 혜빈 양씨가 대비도 중전도 없는 궁궐의 관리자가 되는 게 순리였다. 더욱이 임금의 유모 아닌가?

하여 귀인 홍씨는 빈으로 책봉되어 혜빈을 견제하는 역할을 맡게 된다.

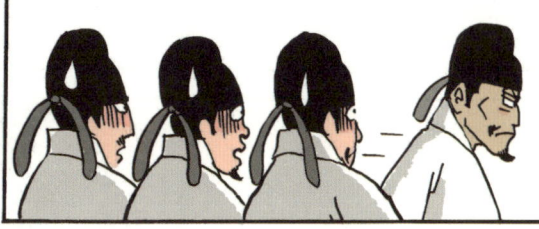
이쯤 되면 수양의 행태는 거의 막가파식이라 할 것이다. 명분도, 주변의 시선도 아랑곳하지 않고 자기 세력 확장에만 혈안이 되었으니…….

그러나 과연 그런 방식으로 야심을 이룰 수 있을까?

반대 진영의 경계심만 자극할 게 뻔한 노릇이다.

한명회의 등장

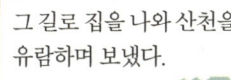

조선 개국 직후 명나라에 가서 '조선' 국호를 승인받고 돌아온 한상질이 그의 할아버지다. 명문가 출신인 셈인데,

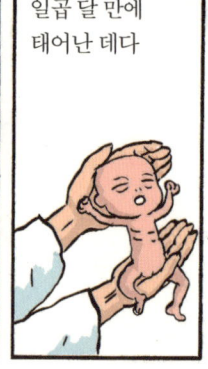
일곱 달 만에 태어난 데다

어려서 부모를 잃어 작은할아버지 집에서 자라야 했으니 순탄치 않은 인생이었다.

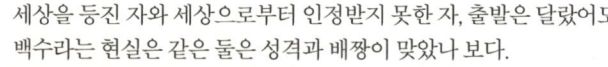
세상을 등진 자와 세상으로부터 인정받지 못한 자, 출발은 달랐어도 백수라는 현실은 같은 둘은 성격과 배짱이 맞았나 보다.

권람과는 달리 세상에 나가 뜻을 펴고 싶은 욕망이 강렬했지만 번번이 낙방의 쓴 잔을 들어야 했다.

같이 산천을 유람하며 보내던 둘은 서른을 훌쩍 넘기고 나서 세상에 복귀하기로 한다.

권람은 장원급제하며 복귀에 성공하지만

한명회는 또 낙방

＊잠저(潛邸): 왕세자나 왕세손이 아닌 사람이 임금이 되기 전에 살던 집 또는 그 시기.

한명회는 적극적으로 정보 수집에 나선다.

조사한 정보를 분석해보니 과연 길이 보였다.

그래!

결심을 굳힌 그는 친구 권람이 온천에서 돌아왔다는 소식을 듣고 바로 찾아갔다.

오늘은 간히 할 말이 있어 왔네.

심각한 얘긴가 보이.

《실록》엔 이날의 대화를 이렇게 멋지게 기록하고 있다.

주상께서 어리시니 대신들이 권력을 농단하면서 나라가 날로 잘못돼가고 있어.

안평이 대신들과 결탁하여 소인배들을 끌어들이고 흉모를 꾸미고 있다 이 말일세.

하면?

*《역대병요》: 역대의 전쟁에 대한 기록으로 수양대군이 집현전 학자들을 이끌고 편찬했다.

돈의문
4대문의 하나로 서대문이라고 불렸는데 일제강점기 때 철거되고 지금은 없다.
김종서를 철퇴로 내려친 수양대군 일당은 도성 문을 모두 닫게 하고는
돈의문으로 들어가 권력을 장악했다.

제2장

계유정난

거사를 위한 준비

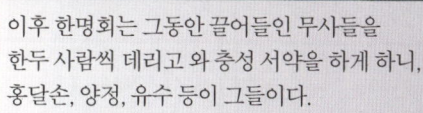

*사직(社稷): 토지신과 곡식신을 이르는 말로 나라나 조정을 의미한다.

중국 조정에 얼굴을 알린 것이 그 하나요,

수양에 대한 조정의 의심을 누그러뜨린 것이 그 둘째다. 동생 몫을 가로채다시피 하며 사은사를 자청한 의도가 느껴지는 대목이다.

한결 여유를 되찾은 수양은 공개적으로 우호 세력 확대에 나선다.

결국 수양의 청은 받아들여졌는데,

사헌집의 하위지가 강력히 반발했다.

잘못된 판단

이 오판이야말로 수양이 유도한 것이다.

홍달손이 감순 책임자를 맡은 직후 수양은 양녕을 비롯한 종친들을 거느리고 단종을 찾았다.

전하께오선 종사와 만민의 주인이시옵니다. 비록 상중이오나 종묘사직을 위해 중전마마를 맞이하시옵소서.

윤허하여주시옵소서!

무슨 말씀이십니까? 이 일은 불가할 뿐 아니라 입 밖에 내서도 안 될 말씀입니다.

예가 아님을 어찌 모르겠나이까? 하오나 종사가 달려 있는 중대사이니 윤허해주시길 고대하나이다.

진실로 불가합니다. 다시는 말하지 마세요.

대호를 쳐라

이 정보가 《실록》에 기록된 안평 측 역모 계획의 증거이자 수양 측 거사의 결정적 명분이다.

막상 무사들을 모아놓고 보니 이 거침없는 행동주의자인 수양도 입이 쉽게 떨어지지 않았다. 시간은 자꾸만 흘러

저녁이 되었다. 홍달손은 먼저 나가고,

자네만 믿네.

더는 늦출 수 없게 된 상황, 드디어 수양이 입을 열었다.

모두 들으라!

지금 간신 김종서 등이 권세를 희롱하고 정사를 독단하며 안평과 더불어 장차 불궤한 일을 도모하려 하고 있소.

내가 이 자들을 베어 없애고 종사를 편히 하려는데 여러분은 어떻게 생각하는가?

제2장 계유정난 69

그동안 언질을 받았거나 낌새를 알아차렸던 이들은 적극 찬동했지만,

그저 와서 활이나 쏘고 술이나 얻어마셨던 이들은 기겁을 했다.

겁을 집어먹고 슬금슬금 도망하는 이들도 있었다. 예상 밖의 상황!

이에 부인 윤씨가 갑옷을 가지고 와서 입혔다 하는데

이 역시 부인 윤씨의 적극적인 협력을 드러내기 위한 문학적 창작인 듯.

수양은 이런 차림으로 종 임어을운을 데리고 길을 나섰고

양정 등 세 명의 무사가 뒤를 따랐다.

세종을 도와 북방을 개척하고 돌아온 맹장, 김종서!

그 뒤에도 몽고족이나 여진족의 준동으로 나라가 위급할 때면 총사령관이 되어 노구를 이끌고 변경으로 달려갔던 그다.

김종서가 편지를 달빛에 비춰 보는데,

지금이다

빼
악

아버님!

눈 깜짝할 사이의 일이었다.

아버…

푸욱…

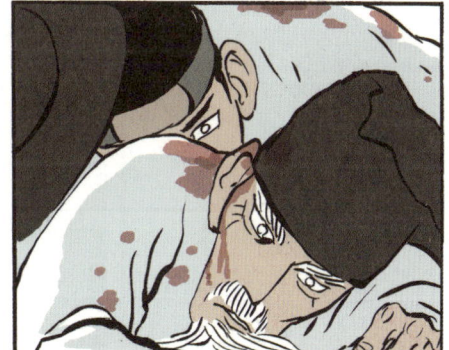

생과 사

한명회가 무사들을 이끌고 합세한 뒤

수양은 홍달손 휘하의 순졸들을 뒤따르게 하고는 입궐했다.

김종서만 해치우면 나머지는 신경 쓸 것도 없다는 수양의 장담은 과연 옳았다.

입직했던 승지 최항을 불러

제2장 계유정난 77

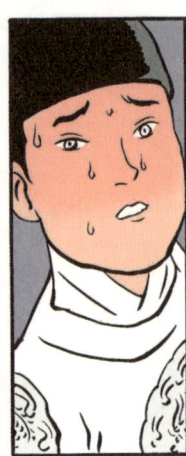

문 너머의 책임자는 한명회!

김종서 일당으로 분류된 황보인, 조극관, 이양 등이 철퇴를 맞고 쓰러졌다.

야사에서는 한명회가 직접 작성한 살생부에 따라

들어오는 대신들에게 생 혹은 살의 신호를 보냈다 한다.

일국의 재상들의 운명이 백수 한명회의 손에 결정된 것이다.

*초헌(軺軒): 종이품 이상의 벼슬아치가 타고 다니던 수레.

정분, 조수량, 안완경 등은 유배되었다.

허후는 꼬장꼬장한 보수주의자 허조의 아들,

수양은 그를 끌어들이고 싶어 좌찬성으로 삼았는데,

"죄송하지만 신은 이미 늙었고…"

사양한 괘씸죄와 황보인 등의 효수를 논의할 때 눈물이 맺혔다는 이유로

유배되었다가 죽음에 이른다. 눈물이 죽음을 부른 흔치 않은 사례다.

"죄인 허후를 교형에 처하노라."

유배되었던 정분, 조수량, 안완경 등도 같은 운명을 맞았다.

그 가족들에게도 가혹한 형벌이 내려졌다. 아비와 열여섯 살 이상의 아들들은 교형에 처해졌으며,

15세 이하의 아들은 관노로 전락했다.

처, 첩, 딸은 노비 신분이 된 뒤 원수 격인 공신들에게 분배되었다.

공신과 역적

등급	공신	대우
1등	수양, 정인지, 한확, 박종우, 김효성, 이사철, 이계전, 박중손, 최항, 홍달손, 권람, 한명회 (12명)	- 전각을 건립해 화상을 봉안하고 공적을 기록한 비석을 세운다. - 부모, 처에게는 3등급을 초과해 작위를 주고 친자는 3등급을 초과해 음직을 준다. - 토지 200결, 노비 25명, 하인 등 17명. - 장남이 세습하며, - 죄를 지어도 영원히 용서한다.
2등	권준, 신숙주, 윤사윤, 양정, 유수, 유하, 봉석주, 홍윤성, 곽연성, 엄자치, 전균 (11명)	- 토지 150결, 노비 15명, 하인 등 13명. - 부모, 처, 친자 2등급 초과. - 나머지는 같음 (전각, 세습, 죄 용서…).
3등	이흥상, 이예장, 성삼문, 김처의, 홍순로 등 20명	- 토지 100결, 노비 7명, 하인 등 9명. - 부모, 처, 친자 1등급 초과. - 나머지는 같음.

수양대군께선 다른 1등공신과는 달리 식읍 1천 호, 식실봉 5백 호, 토지 5백결, 노비 6백 명, 별봉으로 해마다 6백석, 금 25냥, 은 1백 냥 기타 등등을 받았답니다.

쩌—억

언제나 그렇듯 공을 세운 사람만 공신으로 책봉되는 것은 아니다.

쿠데타 이후 정국을 무리 없이 이끌어가려면 명망 있는 대신들의 협조가 필요한 법이다. 홍달손, 권람, 한명회를 뺀 나머지 아홉 명이 1등공신에 책봉된 이유다.

이것으로 우리도 공범이 되었군.

2등공신에는 정난에서 역할을 한 무사들이 주로 선정되었고, 신숙주와 내시인 엄자치, 전균도 포함되었다.

3등공신엔 성삼문의 이름이 올라 있어 눈길을 끈다.

이 것으로 새 판 짜기는 거의 마무리되었고 그자의 처리만 남았군.

함길도 도절제사 이.징.옥!

김종서와 함께 북방을 개척한 이징옥은 당대 최고의 무장이란 평가를 얻었을 뿐 아니라 그 충직성으로 인해 널리 존경을 받고 있었다.

《실록》에 소개된 일화 두 가지를 살펴봄으로써 인간 이징옥을 느껴보자.

이징옥의 아비가 유언하기를 '나를 북쪽산에 묻어다오.' 하였다.

그러나 맏아들인 이징옥의 형 이징석.

그 쪽엔 내 땅이 많은데…… 그렇게는 안 되겠습니다, 아버님.

장지를 다른 곳으로 정해버렸다.

형님, 그래도 아버님의 유언이신데 들어 드리는 게…

뭐 임마!

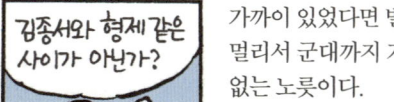

가까이 있었다면 벌써 죽음을 내렸겠지만 멀리서 군대까지 거느린 그를 섣불리 다룰 순 없는 노릇이다.

새로 도절제사가 되어 온 이는 박호문으로 김종서를 모함했던 자다.(제4권 165~167쪽) 웬일인지 사실대로 정난의 일을 말해준다.

청령포
강원도 영월에 자리한 청령포는 동·서·북쪽은 물로 막히고 남쪽은 층암절벽으로 가로막힌 천연의 감옥이다.
단종은 이곳에 잠시 유배되었다가 곧 죽임을 당한다.

제3장

한 마리
원통한 새

주공의 길, 수양의 길

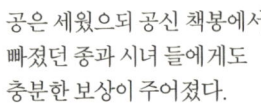

공은 세웠으되 공신 책봉에서 빠졌던 종과 시녀 들에게도 충분한 보상이 주어졌다.

죽은 자들의 재산을 나눠준 것인데, 김종서를 철퇴로 내리친 수양의 종 임어을운은 황보인의 집을 받았고

어흠

시녀 소근은 조극관의 집을.

종 막동은 이보인의 집을 받았다.

종들은 그렇다 치고 시녀들이 무슨 공을 세웠지?

궁중의 고급 정보를 비밀리에 알려 줬겠지.

사헌부에서 공신 책봉에 대해 문제를 제기했지만

1등공신에 책봉된 이들 중엔 벼슬만 높고 공은 없는 이들이 많사옵니다.

그렇습니다. 헌부의 말이 옳으니 저희를 공신록에서 빼주소서.

가볍게 정리되었다.

쓸데 없는 소리!

*상피제(相避制): 가까운 친인척과 같은 관서에 근무하지 않도록 하거나 출신 지역의 지방관으로 임명하지 않는 제도.

반발하는 세력은 힘으로 제압하는 한편

후세의 규범이 된 예·악을 정립하고

중국식 봉건제도를 완성하는 등 주나라의 기틀을 마련했다.

이쯤 되면 스스로 왕이 되려는 욕심이 생길 법도 하건만

조카인 성왕이 성년이 되자 두말 없이 모든 권한을 넘기고 자신은 일반 신하로 복귀했으니, 섭정 7년 만의 일이다.

어린 단종에게, 숙부인 수양이 주공의 길을 따라준다는 것은 유일한 희망이었다.

정변의 그날 밤, 얼마나 무서웠던가?

후견자였던 대신들이 하룻밤 사이에 비명에 갔다.

경연 또한 더욱 열심히 참석했다.

사방에 수양의 눈들이 번득이고 있었으니 어떤 의도를 가진 대화는 불가능한 것이었겠지만, 왕과 신하의 잦은 만남은 그것만으로도 '왕의 세력'을 만드는 효과를 가져올 수 있다.

그렇게 살얼음 같은 하루하루가 흘러 1년이 지난 어느 날, 세종이 머물렀던 자미당 난간에 서서 단종은 그동안 애써 참아왔던 눈물을 터뜨렸다.

할아버지 세종께서 살아계셨다면 나에 대한 사랑이 어찌 작겠는가!

이를 보고 시중 들던 이들이 모두 울었고 전해 들은 수양과 부인 윤씨도 울었다 한다.
(설마!)

수양은 정난 이후 얼마 안 있어 예전에 주장했던 단종의 국혼을 다시 주장하고 나섰다.
이번에는 종친만이 아니라 대신들과 대간들까지 합세했다.

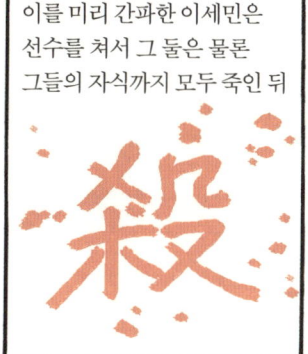

대신들의 청은 곧 수양대군의 뜻! 물리칠 방도가 없다.

금성대군의 고신을 거두고 화의군은 귀양 보내고 김옥겸 등은 변방의 군졸로 삼으라.

그리고 다시 한 달 뒤,

금성대군이 혜빈 양씨와 결탁하고

화의군은 비밀리 혜빈과 금성의 집에 출입했으며

금성은 또 금대를 정종에게 선물했고

계집종을 상궁 박씨에게 주었습니다.

화의군은 세종의 서장자.

정종은 문종의 유일한 사위로 단종의 자형.

상궁 박씨는 단종이 동궁 생활을 시작할 때 문종이 직접 보내준 상궁이다.

이들이 뜻을 얻는다면 후세에 누가 공의 충성을 알겠습니까? 이렇게 하시옵소서.

⋯⋯⋯ ⋯

＊고신(告身): 벼슬아치의 임명장. =직첩(職牒)

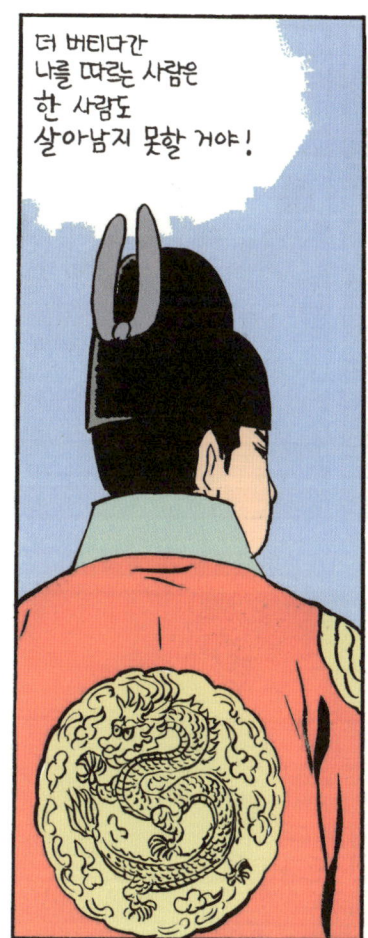

그걸로 끝이었다.
태종의 선위 파동 때처럼 몇 날 며칠을 밤낮으로 울며 반대하는 신하들의 모습 같은 건 볼 수 없었다.

근정전으로 가세.

먼저 옷부터 갈아입고.

곧이어 즉위식이 열렸다.
차남으로 태어난 수양대군이(이하 세조)
마침내 몽매에도 그리던
임금이 되었다.

……!

우리는 나리의 신하가 아니오!

상왕이 된 단종은 경복궁을 세조에게 내주고 창덕궁으로 들어갔다. 더는 조회도 경연도 윤대도 하지 않게 되었으니 신하들을 볼 일도 없다.

그나마 강제 결혼 덕에 생긴 부인이 외로움을 덜어주었으리라.

한 달에 한 번 정도는 세조가 문안을 오거나

사냥에 단종을 초청하곤 했다.

믿을 수 없는 사람. 혜빈도 살려주기로 철석같이 약속해놓곤 결국 죽여버렸지.

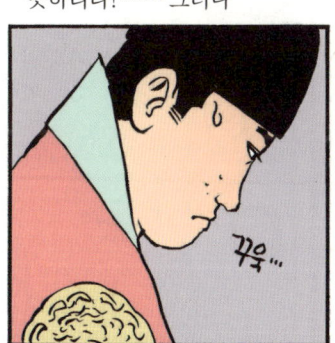

핵심 주모자는 성삼문과 박팽년.

그들은 정난 직후 안평대군의 처형을 주청하는 등 정난을 지지하는 듯한 행동을 취했다.

역적의 일당은 모두 제거되었는데 수괴가 살아 있음은 옳지 못하옵니다.

이에 이들이 계유정난엔 동의했으나 왕위 찬탈엔 반대했다는 해석이 많은데 과연 그럴까?

수양이 모든 실권을 장악한 상황에서 정난을 비판한다는 건 이런 뜻이 된다.

날 죽여라!

정난 직후 성삼문은 사헌부 관원이었다. 이른바 언관으로서 당시 상황에 침묵을 지켰다면 아마도 이렇게 받아들여졌을 것이다.

노옴! 안평의 일당인가? 아니더라도 그에게 동정적인 것은 분명하렷다.

성삼문은 어차피 처형될 안평의 처벌을 주장함과 동시에 이런 주장도 폈다.

정인지, 최항 등이 무슨 공이 있어 1등공신이 된단 말입니까?

신을 3등 공신에 책봉한 것도 옳지 않습니다.

쿠데타의 명분이 취약한 수양은 대신들을 공신으로 삼아 우군으로 끌어들이려 했다. 성삼문의 주장은 그 구도를 깨려는 시도로 볼 수도 있지 않을까?

박팽년은 단종의 국혼 이후에는 비록 문종의 대상이 끝나지 않았어도 상복을 벗고 길복을 입어야 한다는 수양의 주장에 끝까지 반대했던 인물이다.

이 시키가...

제3장 한 마리 원통한 새 111

진작부터 수양을 경계해온 하위지는 정난 이후에는 또 이런 말로 수양을 분노케 했다.

"영상께선 문종대왕의 자자손손을 마음을 다해 보필하셔야 합니다."

이들이 계유정난을 지지했다고 쉽게 단정할 수 없게 하는 사례들이다.

유학자인 성삼문과 박팽년은 동지들을 규합해나갔다.

둘의 아비인 성승, 박중림과 동생들.

옛 집현전 동료인 이개, 유성원, 하위지,

단종의 외숙부인 권자신.

다시 그들의 가까운 지인들…….

그렇게 제법 만만찮은 세력이 구축되어가는 동안 비밀이 지켜질 수 있었던 것은 그들의 준비가 매우 치밀했음을 보여준다.

그러던 차에 갑작스럽게 아주 기막힌 기회가 찾아왔다.

이때 명나라 사신들이 들어와 있었는데, 그들을 위해 세조가 베푸는 연회 자리에 뜻을 같이하는 성승, 유응부, 박쟁이 별운검으로 결정된 것이다.

별운검이란 무장을 하고 임금의 좌우에서 호위하는 2품 이상의 무반을 말한다.

박팽년의 족친인 김문기는 바깥 경호를 맡게 되었다.

성공은 보증된 듯이 보였다. 그런데……

무슨 낌새를 느꼈는지 우연인지 한명회가 초를 친다.

제3장 한 마리 원통한 새 113

잠깐의 옥신각신 끝에 주모자 격인 성삼문, 박팽년의 주장이 받아들여졌다.

말리는 이들을 발로 차며 결행한 수양과의 차이가 여기에 있었다.

계획이 틀어지자 바로 이탈자가 나왔다. 실패한 이튿날,

불안감을 이겨내지 못한 김질이 장인인 정창손을 찾아간 것.

김질이 밀고했음을 안 성삼문, 박팽년은 순순히 사건 전모를 진술했다.

《실록》엔 국문 과정을 진술 위주로 소개하고 있지만

야사에선 국문의 참혹함에 대비시키며 성삼문 등의 기개와 충성을 생생히 전하고 있다.

대표적인 장면들을 살펴보자.

조사해보니 과연 그랬다.

조사해보니 '신(臣)' 자가 들어갈 자리의 글씨는 모두 '거(巨)'자가 대신 쓰여 있었다나.

신숙주는 성삼문과 절친한 친구였으나 세조의 측근이 된 후 국문을 담당하는 입장이었다.
이 보게 숙주!

옛날에 그대와 집현전에 있었을 때 세종대왕께서 상왕 전하를 안고 걸으시며 하신 말씀을 다 잊었는가?

'내가 죽거든 그대들이 이 아이를 잘 보살펴다오.'라고 하신 당부를 정녕 잊었단 말이더냐?

시종 당당한 성삼문을 부끄럽게 한 이는 동료인 유응부였다.
자고로 서생들과는 일을 도모할 수 없다고들 하더니 과연 그렇더군.

그대들이 말려서 이 꼴을 당하게 되었다. 너희는 책을 읽었으되 꾀가 없으니 짐승과 마찬가지야.

하위지
반역죄라면 베면 그만이지 뭘 더 묻는게요?

법전 어디에 인두로 지지는 형벌이 있소?
이개
치익

| 유성원은 집에서 자결했고 | 박팽년은 고문으로 옥사했으며 | 성삼문 등 10여 명은 능지처사된 뒤 | 3일간 효수되었다. |

성삼문, 박팽년, 하위지, 이개, 유성원, 유응부를 우리는 '사육신'이라 부른다. '생육신'의 한 사람이기도 한 남효온이 《육신전》을 지으며 그렇게 부른 까닭이다.

死六臣

사육신이 충신의 대명사로 이름을 얻으면서 거기서 빠진 성승, 김문기, 권자신 등은 상대적으로 세인의 관심에서 밀려나기도 했지만, 현실의 패배자인 그들은 그렇게 역사 속에서 부활했다.

한편 고발자인 정창손, 김질은 세조의 총애를 받아 각각 영의정, 좌의정까지 이르렀다.

다음은 성삼문이 형장에 끌려가며 읊었다는 시다.

둥둥둥 북소리가 목숨을 재촉하여
돌아보니 해도 벌써 저물고 있구나.
황천길엔 주막도 하나 없을 텐데
오늘 밤엔 누구 집에서 잘거나.

擊鼓催人命　回頭日欲斜
黃泉無一店　今夜宿誰家

제3장 한 마리 원통한 새　119

예정된 비극

이에 세조는 사실 확인도 거치지 않은 채 기다렸다는 듯이 이렇게 조치한다.

＊강봉(降封): 지위나 벼슬의 등급을 낮춤.

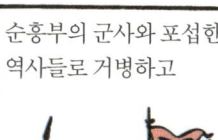
순흥부의 군사와 포섭한 역사들로 거병하고

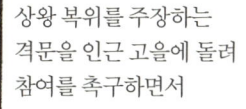
상왕 복위를 주장하는 격문을 인근 고을에 돌려 참여를 촉구하면서

금성의 토지와 노비가 많은 안동으로 간다. 그곳에서 세력을 키운 뒤 서울로 진격한다는 계획이었다.

"안동에만 가면 2천 정도는 가능할 거야"

그러나 한 관노의 고발로 들통 나고 말았다.

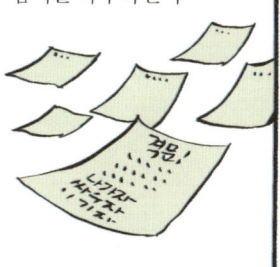
이를 기회로 정인지, 양녕이 백관과 종친을 거느리고 연일 주청하기를,

"대의로써 결단하시어 화근을 끊고 인심을 안정시키소서!"

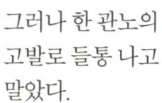
이에 대한 세조의 답변.

"금성대군을 사사하고 송현수는 교형에 처하라!"

'화근'인 단종에 대해서는 아무 말도 안 했다? 글쎄……. 금성과 송현수를 사형에 처한 세조 3년(1457) 10월 21일자 《실록》에는 다음의 한 문장이 덧붙여져 있다.

"노산군(단종)은 이(금성, 송현수의 죽음)를 듣고 스스로 목을 매어 졸하니 예로써 장사 지냈다."

그러나 이는 사실과 명백히 다른 기록이다.

다음은 영월 객사 시절에 지은 시다.

一自寃禽出帝宮　　　원통한 새 한 마리 궁에서 쫓겨나와
孤身隻影碧山中　　　고독한 몸 외 그림자 푸른 산 헤매네.
假眠夜夜眠無假　　　밤마다 잠을 청해도 잠은 오지 않고
窮恨年年恨不窮　　　해마다 한을 없애려 해도 없어지지 않는구나.
聲斷曉岑殘月白　　　울음소리 끊어진 새벽 산엔 으스름달 비추고
血淚春谷落花紅　　　피눈물 흘리는 봄 골짜기엔 떨어진 꽃이 붉어라.
天聾尚未聞哀訴　　　하늘은 귀 먹어서 그 하소연 못 듣건마는
何奈愁人耳獨聰　　　어찌하여 서러운 내 귀만 홀로 잘 듣는가.

한 마리 원통한 새 단종은
과연 어떻게 최후를 맞았을까?
연산 때의 유학자인 음애 이자는
《음애일기》에서 이렇게 쓰고 있다.

… 노산이 영월에 있다가 금성대군의 옥사를
듣고 자진하였다고 하는데 이는 당시 여우나
쥐 같은 놈들의 간악하고 아첨하는 붓장난이다.
《실록》 편찬자들은 모두 세조를 좇던 무리
아닌가? ……

야사의 기록은
다음과 같다.
금부도사 왕방연이
사약을 들고 왔으나
차마 전하지 못하고
엎드려 있자

단종이 스스로 목을 매고는

줄을 창 밖으로 빼내 당기게 했다.
사약을 거부한 자살이었다.

즉위한 지 5년,
그때 나이 열일곱이었다.

제3장 한 마리 원통한 새 125

전설 속으로

예로써 장사 지냈다는 것도 사실이 아니다. 단종의 시신은 그대로 방치돼 있었는데

고을 향리인 호장 엄흥도가 거두어 장사 지냈다.
역적을 비호했다고 화를 입지 않을까요?
옳은 일 하고 화를 입는건 괜찮다.

이는 중종조에 이르러 단종의 무덤에 제사를 지내기로 하면서 무덤을 찾는 과정에 알려졌다.

오늘날처럼 능으로 단장된 것은 숙종 때의 일로, 단종이란 묘호도 이때 올려졌다.

열여덟의 나이에 부모와 남편을 잃고 폐서인이 된 단종의 부인 정순왕후 송씨는

동대문 밖에 조그만 초가를 짓고 살았다.

죽음보다도 고통스러운 삶이었겠지만, 운명의 장난인지 그녀는 여든두 살까지 장수했다.

정 많은 백성은 단종과 그 주변 인물들에 대한 많은 이야기를 만들어냈다. 더러는 야사에 전하고 더러는 민간 속에 구전되어 전해졌는데

사실로 잘못 알려진 이야기들도 있다. 그중에 하나, 세조가 꿈을 꾸었는데

현덕왕후가 나타나 저주를 했다 한다.

세조의 장자인 의경세자가 병을 앓다가 죽은 것은 단종이 죽은 것보다 시기적으로 한 달 넘게 앞서서였다.

신숙주 부인의 충의를 보여주는 다음의 이야기도 사실이 아니다. 성삼문 등이 죽은 날이다.

변명을 하고 눈을 들어보니 부인은 이미 이 세상 사람이 아니었더라 하는 얘긴데

이 이야기는 이광수나 박종화의 소설에 그대로 수용되어 널리 알려졌다.

그러나 신숙주의 부인이 죽은 때는 1년도 더 전으로, 신숙주가 명나라에 사은사로 갔을 때다. 신숙주를 비난하기 위해 부인을 끌어들인 것이다.

그리고 많은 이야기가 야사로, 전설로 전한다. 현덕왕후가 꿈에 나타나 침을 뱉는 바람에 세조에게 종기가 나기 시작했다는 이야기,

현덕왕후의 이장에 얽힌 전설들,

정순왕후가 영월 쪽을 보려 날마다 올랐다는 동망봉 전설,

부임하면 죽어나가곤 했다는 영월 부사 이야기,

단종이 태백산의 신령이 되었다는 등……. 그렇게 단종은 전설의 세계로 들어가 백성의 가슴속에 더 깊숙이 남게 되었다.

제3장 한 마리 원통한 새 129

사육신 충의가

이 몸이 죽어 가서 무엇이 될꼬 하니
봉래산 제일봉에 낙락장송 되어 있어
백설이 만건곤할 제 독야청청하리라.

　　　　　　　　　　성삼문

까마귀 눈비 맞아 희는 듯 검노매라.
야광명월이 밤인들 어두우랴.
임 향한 일편단심이야 변할 줄이 있으랴.

　　　　　　　　　　박팽년

창밖에 혔는 촛불 눌과 이별하였관대
눈물 흘리며 속 타는 줄 모르는고.
우리도 저 촛불 같아여 속 타는 줄 몰라라.

　　　　　이개

간밤에 불던 바람에 눈서리 치단 말가.
낙락장송이 다 기울어 가노매라.
하물며 못다 핀 꽃이야 일러 무삼하리오.

　　　　　　　　　　유응부

초당에 일이 없어 거문고를 베고 누워
태평성대를 꿈에나 보렷더니
문전의 수성 어적이 잠든 나를 깨와다.

　　　　　　　　　　유성원

천만 리 머나먼 길에 고운 임 여의옵고
내 마음 둘 데 없어 냇가에 앉았으니
저 물도 내 안 같도다 울어 밤길 예놋다.
왕방연

(금부도사 왕방연이 단종을 영월에 두고
돌아오는 길에 지었다는 시조)

달 밝은 밤 소쩍새 슬피우니
시름이 깊어져 자규루에 기대었네
네 울음 구슬퍼 내 듣기 괴롭구나
네 소리 없으면 내 시름도 없으련만
세상의 괴로운 이들에게 내 말을 전하노니
춘삼월 자규루에는 오르지 마오

月白夜蜀魄啾
含愁情依樓頭
爾啼悲我聞苦
無爾聲無我愁
寄語世上苦勞人
愼莫登春三月子規樓

(영월 시절 단종이 지었다고
전하는 또 한 편의 시)

탑골공원
서울시 종로구에 있는 탑골공원은 옛 원각사가 있었던 자리다.
불교를 숭상했던 세조는 대규모 불사를 많이 벌였는데, 그중에서도 가장 공을 기울인 것은 원각사 중건이었다.
팔각정 옆에 서 있는 것이 원각사지 10층 석탑이다.

제4장

세조의
치세

강력한 왕권을 향해

가능하면 피하고 싶었겠지만 충분히 예상한 일이기도 했다.

가까운 혈육과 시대를 대표할 만한 인물들을 참 많이도 죽였다. 계속된 살육의 행진은 단종을 죽이고 나서야 마무리되었다.

대대적으로 불경을 간행하고 원각사를 창건하는 등 불교 중흥을 이룬 것을 놓고 세조의 죄책감과 속죄의식에 연관시켜 많이 이야기한다.

그러나 세조의 성격이나

앞으로— 앞으로— 앞으로! 앞으로!♪

《실록》의 기록으로 본다면

하하하

과연 그가 죄책감으로 고통받았는지 의문이 간다.

불교에 관해서라면 이미 왕자 시절에 심취했던 바이고,

유교가 국시인 나라에서 공공연히 이런 말도 했다.

죄책감보다는 왕이 되었다는 성취감과 제대로 한 번 해보리란 의욕이 그를 지배했다.

선결 과제이자 핵심 과제로 삼은 것은 강력한 왕권의 구축!

즉위 직후 명하기를,

이는 신권의 약화로 이어질 게 뻔한 이치여서 오히려 권한이 강화된 6조에서 반대하고 나섰다.

누구도 감히 임금의 뜻에 반하는 의견을 낼 수 없는 분위기.

이전의 세종·문종 시절과 얼마나 다른지는 다음의 예만 보아도 알 수 있다. 말년에 세종이 불사를 자주 일으키자 신하들은 끈질기게 반대했다.

대간은 물론 전·현직 대신들과 종친들까지 나서서 몇 달이고 강경히 반대했다. 연좌 농성에다

사직서 제출 등도 빈번했다.

그러나 세조 시절엔 불경 간행, 절과 암자의 신축·개축이 훨씬 많았지만 누구도 비판하지 못했다.

원각사를 세울 때는 민가 200여 채가 헐리고 청기와 8만 장이 들었으며, 종을 만드는 데에는 4만 근의 구리가 쓰였다. 신하들의 반응은 비판 대신 이런 것이었다.

실로 막강한 왕권이 구축된 것이다.

세조식 리더십

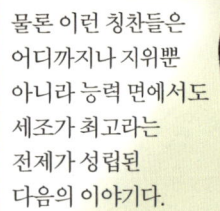

세조는 풍수에 관한 한 스스로 전문가라고 생각했다. 어머니 소헌왕후, 아버지 세종, 형 문종, 아들 의경세자의 장례에 두루 관여했던 터다.

그런 그에게 깊이 들어가면 잘 모를 것이라 했으니!

하동부원군!

경은 무슨 소견이 남보다 월등해서 교만하게 남을 업신여기고 깔보는가? 경박하기가 당대 제일이다!

저... 전하

경이 세종조에 비록 총애를 받았다지만 나는 단지 옛 원로로 여길 뿐이다. 죄를 주어 마땅하나 취중실수라 참는다.

왜 맨날 나만 갖고 그래요?

만일 이랬으면

만일 풍수지리의 심오한 부분까지 논한다면 전하를 따를 자 없을 것이옵니다. 딸꾹.

세조는 아마 이렇게 응대했을 것이다.

껄껄. 취기를 빌려 부원군이 나를 희롱하는군요. 부원군이야말로 당대의 문사인 데다 풍수에도 따를 자 없으리란 걸 내 모르지 않소.

이리 오시오. 희롱죄는 벌주 한 잔이오.

당대 최고의 학자란 명성과 함께 영의정을 지냈고, 치부 또한 잘해 조선 4대 부호에 들었다는 정인지,

그러나 술에 취하면 긴장이 풀려버리는 그는 세조의 술자리 정치와는 잘 안 맞았다.
딸꾹

세조를 '너'라고 불러 분노를 산 적이 있고
너는 말이지…

세조 말년엔 '태상'이라 불러 위험에 빠지기도 했다.
이 영감이 또…

태상은 곧 상왕을 칭하는 말인데 그렇게 표현한 데는 불충한 의도가 있을 것입니다.
그러하옵니다. 국문하여 밝히시고 벌을 내려야 하옵니다.
됐다. 예전에도 그랬는데 새삼 거론할 게 뭐 있느냐?

다른 이였다면 벌써 목이 달아났을지도 모르지만 정인지는 끝까지 영화를 누릴 수 있었다.

어쩌겠어. 나를 지지해 준 명망 있는 원로요 공신인 것을.
그리고 그가 범한 실수들은 말 그대로 실수일 뿐 다른 의도는 없었거든.

술자리에서는 종종 강연도 행해졌다.

본인은 경연도 폐지했지만 신하들, 특히 성균관 학생들과 무장들에게는 끊임없이 공부를 권했다.

성균관 생도들이나 무장들을 불러 공부한 내용을 발표하게 하니

평소에 공부를 게을리하기 어려웠으리라.

술자리에서는 가끔 인사도 행해졌다.

어느 날 술자리에서 이조 참의 어효첨이 세조의 눈길을 끌었다.

제4장 세조의 치세 145

참의에서 참판을 건너뛰고 판서가 된다는 건 파격적인 승진이다.

이런 즉흥적인 인사 이외에도

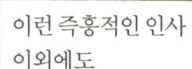

사실 세조의 인사는 아버지 세종의 인사와는 상반된 모습을 보였다. 정승을 중시한 세종은 한번 검증된 인물이라면 죽는 날까지 정승으로 썼지만

세조는 길어야 3~4년, 쉴 새 없이 갈아치웠다.

이런 일도 있었다. 중전의 생일을 하례하는 잔치가 강녕전에서 열렸는데,

영의정 강맹경, 우의정 권람이 입바른 소리를 했다.

* 봉록(俸祿): 벼슬아치에게 일정한 간격으로 내린 곡식이나 옷감, 돈 등. 오늘날의 월급과 비슷한 것이다. = 녹봉(祿俸)

제4장 세조의 치세 147

빠른 교체는 조직에 활력을 주는 면도 있지만, 일의 연속성을 무너뜨리고 책임자들의 전문성을 약화시키기 쉽다. 이를 모를 리 없는 세조, 아마도 이런 생각이 아니었을까?

세조 시대의 치적들

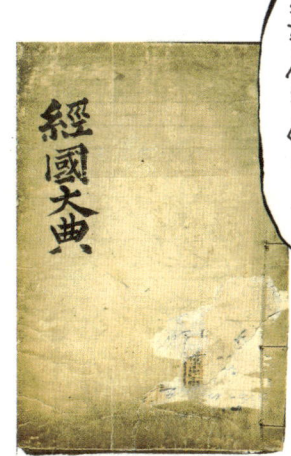

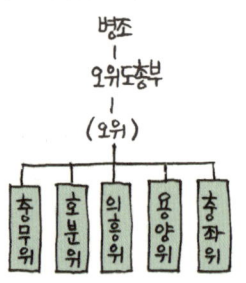
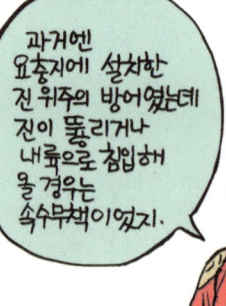

(지방군은) 전국에 49개의 거진(巨陣)을 두어 도절제사의 지휘 아래 자체 방어를 맡도록 진관체제가 마련되었다.

각 도 거진의 수
- 평안도: 평양진 등 9개
- 함길도: 안변진 등 5개
- 경상도: 안동진 등 8개
- 전라도: 남원진 등 7개
- 충청도: 공주진 등 6개
- 경기도: 수원진 등 5개
- 황해도: 해주진 등 3개
- 강원도: 강릉진 등 6개

몇 해 뒤에 다시 이의 시정을 요구하는 주장이 있었다.

＊분대(分臺): 분사헌부와 분사간원, 즉 분(分)대간을 말한다. 이때 이들이 어사로 파견되었다.

이어 8도 관찰사에게 글을 내려 엄중 경고했다.

부국강병을 꿈꾸며

이에 세조는 정벌을 결심하고 다시 신숙주를 도체찰사로 삼아 보낸다.

그런데 이때 두만강 건너에 명나라 사신이 조선과 야인 간의 갈등 조사차 와 있는 상황이어서 대신들이 우려를 표명했다.

황제께서 화해시키려 사신을 보냈는데 군사를 일으키는 건 온당치 못하옵니다.

그러나 세조도 신숙주도 완강했다.

도체찰사에게.
(명 사신의 처리 등을 살펴 각각의 경우에 맞게 처신할 것을 항목별로 나누어 설명한 뒤)
내 말에 너무 구애받지 말고 경이 알아서 처리하라.

P.S.) 기회를 놓칠 수는 없는 일, 용병에 있어 가장 큰 폐해는 머뭇거리며 결단하지 못하는 것이다.
王

성상께
거사하지 않을 수 없으니 그 이유는 다음과 같습니다.
1. 함길도 사람들이 이를 갈고 있는데 거병하지 않으면 분투 의지가 해이해질 것.
1. 도둑질을 그치지 않는데 벌주지 않으면 얕잡아보고 계속 침구할 것.
1. 그리 되면 잦은 출동 명령에 우리 군이 피로해지게 됨.
1. 중국의 비웃음을 살 수 있음.
1. 전에 타일렀는데도 듣지 않는 그들을 또 타이를 수는 없는 노릇.

臣 신숙주.

제4장 세조의 치세

* 칙지(勅旨): 황제가 내리는 명.

신숙주는 과연 기대를 저버리지 않았다.

폭우가 쏟아져 진흙탕 길이었고

밤이면 야인들의 게릴라식 기습공격이 이어졌다.

그러나 신숙주의 작전과 지휘는 주효하여 적 430여 명을 죽이고 900여 채의 집을 불태웠으며 우마 1,000여 마리를 확보하는 등 성공을 거두었다. 세조 6년 초가을의 일이었다.

세종 시절의 최윤덕의 북정에 버금가는 성공으로 세조의 결단력과 현실주의 외교노선이 있었기에 가능한 일이었다.

세조의 현실주의 노선을 보여주는 예 하나, 즉위 초 명이 야인과의 교류를 문제 삼자 했던 말이다.

신숙주와 한명회

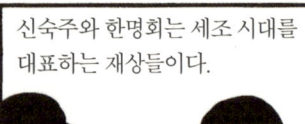

세조의 위징 신숙주. 그는 앞의 야사에서 묘사된 것 같은 눈치 없는 위인이 아니었다. 학식, 업무 능력, 정치 감각이 모두 출중했다.

세조 집권 후 승정원, 예문관, 병조, 성균관 등을 두루 거치더니 마흔두 살의 나이에 백관의 꿈인 정승이 된다.

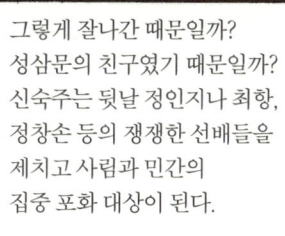
그렇게 잘나간 때문일까? 성삼문의 친구였기 때문일까? 신숙주는 뒷날 정인지나 최항, 정창손 등의 쟁쟁한 선배들을 제치고 사림과 민간의 집중 포화 대상이 된다.

신숙주는 세종 때의 문장가로 유명한 신장의 아들로, 호는 보한재다.

초시·복시는 장원으로, 문과는 3등으로 급제했다.

집현전 학사가 되어 《훈민정음해례》작업에 참여했고

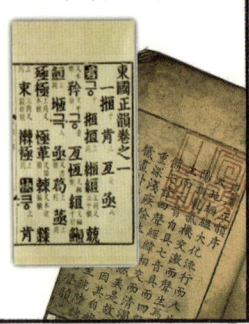
운서인 《동국정운》 편찬의 핵심 필자였다.

이 과정에서 성삼문과 함께 요동에 열세 차례나 드나든 이야기는 유명하다. 그곳에 명나라의 유명한 음운학자인 황찬이 귀양 와 있었기 때문이다.

세종이 문종에게 말했다.
신숙주는 크게 쓸 인물이다.

당시 신진 학자들 중에서도 가장 촉망받았다. 그의 나이 스물일곱,

예, 전하! 이미 다 나았는데 무슨 걱정이 있겠사옵니까?

듣자니 병을 앓아 쇠약해졌다는데 먼 길을 갈 수 있겠느냐?

서장관으로 일본에 갔다.

이르는 곳마다 그의 시나 글씨를 얻으려는 사람들이 몰려들어 쉴 새 없이 병풍, 족자 등을 써주어야 했다.

숙사마!♡

돌아오는 길에는 대마도주와 담판을 벌였다. 도주가 조선에 보내는 무역선인 세견선의 수를 제한하지 말자고 고집하자 신숙주가 설득해서

배의 수가 정해지면 권한이 도주께 돌아갈 것이지만 정해지지 않으면 아랫사람들이 마음대로 할 수 있는데 무엇이 아쉬워서 도주에게 부탁을 하겠소이까?

아!… 그렇게 되는군요.

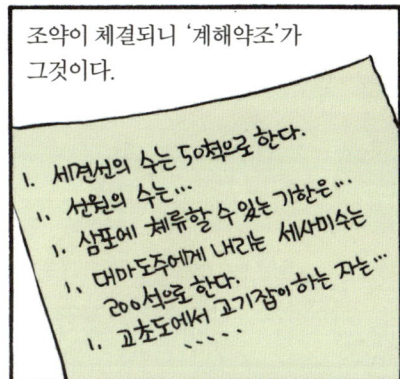

당시 배에는 왜구들이 납치해갔던 백성이 많았다.

앞서 본 대로 함길도 도체찰사를 맡아 야인을 정벌하기도 했는데,

이때 군 지휘관으로서 그의 능력을 보여주는 장면 하나. 기본작전을 세우고 장수들을 불러 반복해서 지시했지만

몇 년째 함길도 절제사를 맡고 있는 양정은 신숙주를 믿지 못했다.

쳇! 서생이 무얼 안다고? 야인에 대한 일, 군사에 대한 일은 내가 전문가고, 이 지역 지리도 훤하다고.

명을 어기고 단독 행동을 했다가 큰 손실을 입는다.

죄를 주어 마땅하나 그동안 고생한 공이 있으니 용서해주게.

돌아온 뒤에도 북방과 관련한 최고 전문가로서 일만 생기면 세조는 신숙주를 찾았다.

명나라와의 외교문서는 거의 그의 손을 거쳤고, 과거의 단골 감독관이기도 했다.

마흔여섯 창창한 나이에 일인지하 만인지상인 영의정에 올랐다.

마흔여덟 살에 정승이 되었고

세자의 장인이 되었다.

세조는 공교롭게도 며느리를 모두 청주 한씨가에서 골랐다.
우연일까?

세조의 맏며느리로 의경세자의 배필은 청주 한씨 한확의 딸, 뒷날 성종의 어머니인 인수대비다.

둘째인 세자(예종)의 배필로는 역시 청주 한씨인 한명회의 셋째 딸을 고른 것.

세자의 장인이 됨으로써 다음 대까지 영화를 보장받은 한명회, 그러나

세자빈 한씨는 1년 뒤 원손인 인성대군을 낳은 뒤 후유증으로 죽고
인성대군마저 2년 뒤 죽고 말았다.

이에 세자의 후궁으로 있던 한백륜의 딸이 뒷날 예종의 왕비가 된다.

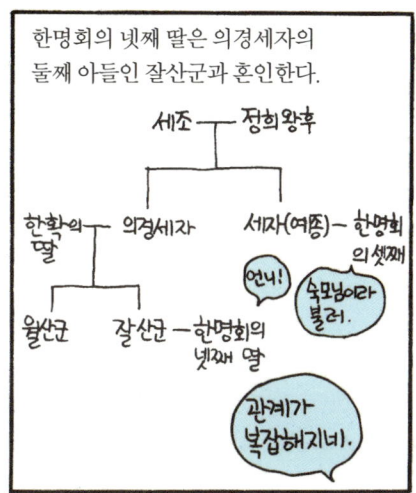

처신도 뛰어나고 능력도 비상해
세조의 총애를 받으며 부귀영화를 누린
신숙주와 한명회.
그러나 그들에게는
결정적으로 모자란 게 있었으니
'아니오'라고 말할 수 있는
기개였다.

광릉
세조와 정희왕후가 묻힌 곳으로, 경기도 남양주시에 있다.
광릉은 세조의 유언에 따라 석곽과 석실을 제거했을 뿐 아니라 최초의 동원이강의 양식으로 조성되어 이후의 조선 왕릉에 큰 영향을 끼쳤다. 동원이강이란 봉분은 하나이면서 광중은 둘로 나눈 능을 말한다.

제5장

이루지 못한 꿈

공신의 나라

고을 출신인 홍윤성이 정승이 되자

유향소에선 선물로 노비 두 명을 바쳤다. 그런데

홍윤성은 그 노비들이 튼실하지 않다며 노비를 고른 담당자인 나계문을 불러다 초죽음이 될 정도로 곤장을 쳤는가 하면

그러고도 분이 안 풀렸는지 나계문이 자기 땅에 수십 년간 가꾸어온 나무를 베어가 버리기도 했다.

급기야는 홍윤성의 집 여종의 남편인 김석을산이란 자가 시비를 걸어와서는

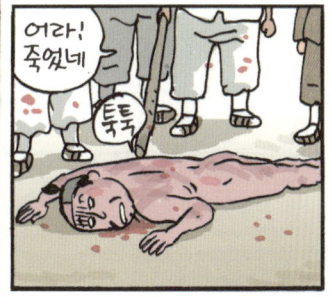
엄동설한에 발가벗겨 집단구타를 하여 결국 죽음에 이르게 한 것.

그런데 홍윤성의 위세를 두려워한 관아는 김석을산을 불문에 부치고 가담자 세 명만 구금했을 뿐 아니라

그들마저도 홍윤성 집 종들이 몰려와 탈옥시키도록 방치했다.

이에 아내 윤덕령과 친지들은 계속 진정을 내고 상급 관아에 고발했지만, 오히려 윤덕령의 일가 사람들을 구속해버렸다.

*능지처사(陵遲處死): 대역죄를 범한 죄인을 죽인 뒤 시신의 머리, 몸, 손, 발을 잘라서 각지에 돌려 보이는 극한 형벌.

그러나 정작 사건의 발단이 된 홍윤성에 대해서는 처벌이 이루어지지 않았다.

사람을 시켜 윤덕령을 협박했고 노복들을 아전의 이방, 형방에 앉혀 고을을 제 집처럼 장악했으며 살인자를 비호하고 남의 나무를 빼앗았으니 홍윤성의 죄가 크옵니다.

그러하옵니다. 이런 죄를 짓고도 공신이라 하여 벌하지 않는다면 공신과 대신들을 무엇으로 징계하겠습니까?

경들의 말은 옳지만 홍윤성의 죄는 모두 모호한 면이 있다. 더는 말하지 말라.

사건 조사 과정에 홍윤성의 집안엔 군역을 피해 도망한 이들이 상당수 숨어 있다는 사실도 드러났다. 그러나 홍윤성은 용서받았다.

이 외에도 홍윤성은 여러 번 패악을 저질렀다. 오죽하면 야사에서 그를 일러 살인마 정승이라 했을까?

그런데도 번번이 용서받았다. 바로 공신이었기 때문이다.

功臣!!

세조는 모두 세 차례나 공신을 책봉했다.

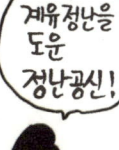
계유정난을 도운 정난공신!

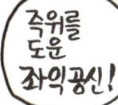
즉위를 도운 좌익공신!

뒤에 보게 될 이시애의 난을 평정한 적개공신!

개국 이래 계속된 공신 책봉으로 인해

개국공신 (태조)
정사공신 (정종 때 태종이)
좌익공신 (태종)
정난공신 (단종 때 세조가)
좌익공신 (세조)

제5장 이루지 못한 꿈 177

출세를 하려면 주요 공신에게 잘 보이는 게 지름길이다.

지방의 수령들은 홍윤성의 예에서 보듯 그들의 불법에 눈감고, 감찰을 피해 뇌물 바치기에 힘썼다.

"섞이지 않도록 조심해라."
"염려 마쇼. 한두 번 하는 일도 아닌뎁쇼."

"이러니 어떻게 우리 살림살이가 나아지겠어?"
"안 행복해."

공신들은 단지 세조에게 불충하지만 않으면 되었다.

'불충할 이유가 없지. 우리의 보호자신데.'

그런데 세조 12년(1466년) 공신에 의한 하야 권유 사건이 일어났다.

"오늘 이 자리는 10년 넘게 변방에서 고생한 양정의 귀환을 환영하고 또 위로하는 자리이니 다들 마음껏 마시라."

계유정난 때 김종서의 아들 김승규를 찌른 그 양정이다.

"북정 시 내 명을 어기고 까불다 깨진 그 양정이기도 하지."

이즈음 세조는 술자리에서 '논쟁 공연'을 즐겼다.

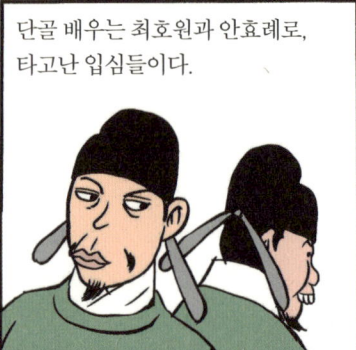
단골 배우는 최호원과 안효례로, 타고난 입심들이다.

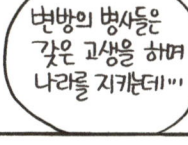

이시애의 난

함길도 민심은 즉각적이고도 격렬히 호응했다. 21개 군현 중에서 남쪽 7개 지역을 제외한 모든 고을의 수령들이 피살되고

사람들은 앞다투어 이시애의 휘하로 모여들었다. 삽시간에 대규모의 반군이 조직되었다.

이 소식은 곧바로 조정에 보고되었는데, 그중에는 이시애가 올린 보고도 있었다.

····
역적 강효문이 신숙주, 한명회, 노사신, 김국광 등의 대신들과 결탁하여 반역을 꾀하였기에 신이 역적 강효문을 잡아 처단하였습니다. ···
장차 예궐하여 자세히 아뢰겠습니다.

臣 이시애.

세조는 물론 이 보고가 이시애의 술수임을 모르지 않았다.

신숙주와 한명회라고? 이놈이 뻔한 꼼수를 쓰는군.

그렇지만

사실일 가능성이 단 1%도 없다고 단정할 수는 없지 않은가?

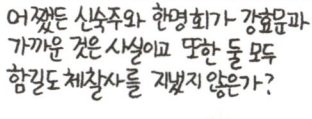

결국 담당관은 극형에 처해진다.

임금의 가장 큰 총애를 받던 1등공신 신숙주,

그는 옥중에서 가슴 아픈 소식도 접해야 했다.

도승지를 역임한 신숙주의 아들 신면은 이때 함길도 관찰사가 되어 함흥으로 떠났는데

이미 반군에게 넘어간 함흥 본영의 관원들에게 살해되고 만 것.

신숙주 등이 풀려난 것은 보름도 더 지나서였다.

신숙주와 한명회를 가둔 것은 무례했기 때문이다. 숙주는 노골적으로 나의 처리가 잘못되었다고 말하곤 했고

이시애에게 놀아나 구속했다고는 할 수 없는 노릇이어서 꺼낸 궁색한 변명이다.

한명회는 수령을 임명할 때면 반드시 자기가 추천한 사람으로 앉히도록 고집하곤 했다.

그러나 세조는 화끈한 성격. 풀려난 그들을 마주하자 이내 자기 잘못을 시인했다.

한편 병마도총사를 맡은 구성군은 나이답지 않게 신중에 신중을 거듭했다. 열흘 넘게 안전한 지대인 회양에 머무르다가

제5장 이루지 못한 꿈 189

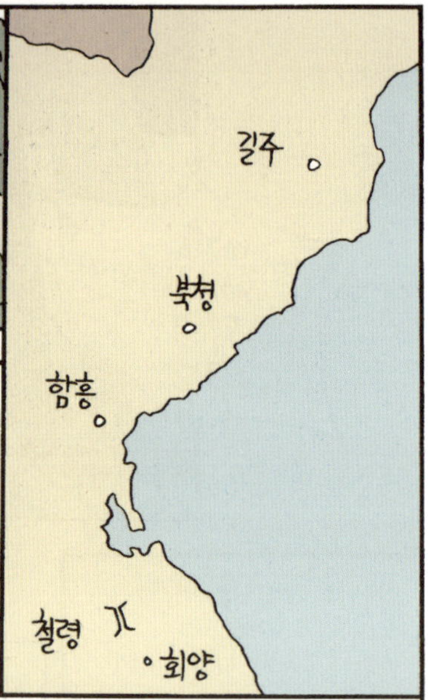

응원병이 이르러서야 철령을 넘었다.

계속적인 지원 요청도
빠뜨리지 않았다.

군사를 더 보내주시길
바라나이다.....

군수품을 더 지원해
주십시오. 충사령관 줌.

함흥에 진주한 관군은 선봉대를 보내
북청을 점령한 뒤 서둘러 목책을
설치해 반군의 공격에 대비했다.

뚝딱!

과연 밤이 이슥해지자 이시애 반군이 그 모습을
드러냈다.

반군답지 않게
이시애군은
전면적인
포위공격전으로
나왔다.
그만큼 이때의
이시애군은
강성했다.

둥둥둥둥둥둥둥

강순은 말의 두 발을 묶어버리면서 방어에만 집중할 것을 분명히 주지시켰다.

목책을 사이에 둔 격렬한 공방이 오갔다.

사기충천한 이시애 반군은 전력을 다해 공격해왔고

관군도 잘 훈련된 정예부대답게 전력을 다해 방어했다.

격렬한 공방이 오가는 가운데 날이 새고 해가 중천에 떴을 무렵 관군이 한계에 다다랐다.

적극적인 공격전으로 흐름을 바꿔놓으리라 생각하고 계획을 세웠는데

정찰 나갔던 척후병이 관군에게 붙들리면서 작전계획이 누설되고 말았다.

더 위축된 반군,

반군의 거점들을 하나씩 깨면서 (이 일은 남이, 어유소의 특공대가 맡았다.) 압박해오는 관군.

사실 이시애 반군은 출발부터 명분상의 약점을 안고 있었고 목표도 모호했다.

이시애는 시종일관 스스로 함길도 절도사를 자처했고 역적은 강효문, 신숙주 일당이란 주장을 폈다.

퇴장을 위한 준비

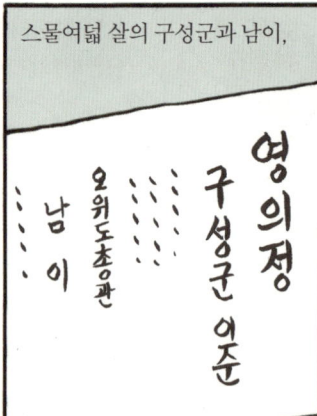

예종의 즉위식이 있은 다음 날, 세조는 거짓말같이 세상을 떴다. 재위 13년 3개월, 향년 52세였다.

薨!

죽으면 속히 썩어야 하니 석곽과 석실은 만들지 않도록 해라

……라는 유언을 남겨

과거의 절반밖에 안 되는 인력과 비용으로 산릉을 조성할 수 있었다. 경기도 남양주시에 자리한 광릉이 세조가 묻힌 곳이다.

작가 후기

　　단종의 비극과 수양대군에 대해서만큼 사극으로 많이 만들어진 소재도 드물 것이다. 그런데 사극들마다 (별로 보지는 못했지만) 세조에 대한 평가가 극과 극을 달렸다고 한다. 단종의 비극에 초점을 둘 때는 피도 눈물도 없는 권력욕의 화신으로, 세조를 주인공으로 내세우는 드라마에서는 난세를 평정한 구국의 영웅으로 그려진 모양이다. 역사상의 인물을 한 극단으로 판단하는 것은 위험한 일이겠지만, 굳이 위의 두 경우에서 고르라면(적어도 '계유정난'과 관련해서는) 나는 전자 쪽을 택하겠다. 단종이 불쌍해서도 세조가 미워서도 아니다. 《실록》의 기록이 (세조 측에 의해 상당히 각색되었는데도) 그렇게 증거하고 있기 때문이다. 조금만 주의 깊게 들여다보면 그가 내건 명분들이 얼마나 억지인지가 드러난다.

　　어떤 일을 하면서 가장 중대한 결심을 일컬을 때 '목숨을 걸고'라는 표현을 쓴다. 현대사에서 혁명이나 쿠데타에 나섰던 이들도 '목숨을 걸고' 했으리라. 실제로도 실패해서 형장의 이슬로 사라진 사람들이 많다. 살아남은 가족들도 많은 피해를 입었다. 연좌제로 인해 직장에서 쫓겨나고 동네에서 손가락질을 당하고 감시당했다. 그러나 적어도 반역자의 가족이라 하여 합법적

성공한 쿠데타의 주역들

으로 목숨을 빼앗지는 않았다. 그러나 조선시대에는 달랐다. 반역, 곧 역모에 연루된 자는 자신의 목숨은 물론 아버지와 형제들, 직계 자식의 목숨까지 내놔야 했다. 어머니나 부인, 딸들은 노비가 되어 권세가의 집이나 시골 관아로 보내졌다. 사안에 따라서는 이보다 연좌의 범위가 훨씬 확대되기도 했으니, 이 시대에 반역을 도모한다 함은 그야말로 가문의 명운을 건다는 의미였다.

이 책에서는 그런 반란이 유독 많이 나온다. 계유정난, 이징옥의 난, 사육신의 난(단종 복위 기도 사건), 금성대군의 난, 이시애의 난. 이 가운데 세조가 이끈 계유정난만 성공했고 나머지는 모두 실패했다. 이 중 가장 성공 가능성이 컸던 거사는 사육신의 난인데, 뽑은 칼을 도로 칼집에 넣어버림으로써 실패했다. 이시애의 난은 가장 위력적이었으나 기치가 모호한 탓에 처음부터 지고 들어간 거사였다. 이징옥이나 금성대군은 궁지에 몰린 이가 꺼내든 마지막 도박의 성격이 강하다. 어쨌거나 이 모든 거사는 자신의 목숨과 가문의 명운을 걸고, 즉 모든 것을 다 걸고 벌인 일들이다. 그런 일이 빈번했던 시기는 역시 문제가 많은 시대이지 않을까?

《단종·세조실록》 연표

1452 단종 즉위년
5.18 근정문에서 즉위하고 즉위 교서를 반포하다.
대간의 청으로 의정부 당상 및 대군의 집에 분경하는 것을 금지하다.
5.19 수양대군이 안평대군을 끌어들여 분경 금지에 대해 강력히 항의하다. 이에 황보인이 대군에 대해서는 분경을 금하지 말도록 하다.
6.11 수양대군이 강맹경과 함께 혜빈이 내정의 일을 주관하려는 데 대해 경계하다.
7. 2 강맹경이 귀인 홍씨로 하여 내정을 주관케 해야 한다고 청하다.
7. 9 수양대군이 강맹경과 만나 귀인 홍씨의 작위를 높여야 한다고 주장하다.
권람이 수양대군을 찾아오다.
7.25 홍윤성을 끌어들이다.
7.28 권람이 수양대군에게 한명회에 대해 말하다.
8.10 수양대군이 신숙주를 불러 의중을 떠보다. 신숙주가 동의하다.
9.10 수양대군이 북경에 고명사은사로 가겠다고 나서다.
9.14 신숙주를 사은사 서장관으로 결정하다.
윤 9. 6 수양대군이 산릉에 다녀온 뒤 안평대군 측 사람인 이현로를 매질하다.
윤 9.19 환관 전균이 술을 가지고 와서 수양대군을 만나다.
윤 9.22 수양대군이 황보인과 김종서의 아들인 황보석, 김승규를 데리고 가겠다고 하다.
10. 5 수양대군이 권람에게 한명회와 함께 비밀리에 황보인 등을 염탐하라고 이르다.
10.12 수양대군이 명나라로 가다.

1453 단종 1년
2.14 수양대군이 순안에 이르러 마중 나온 안평대군과 만나다.
2.26 수양대군의 사행 길에 대해 용비어천가 식으로 기록하다.
3.21 한명회가 수양대군을 만나다.
3.23 한명회가 틈나는 대로 양정, 유수, 유하 등을 데리고 와 수양대군에게 인사를 시키다.
4.20 《병요》의 수찬자인 하위지 등 10여 인에게 한 자급씩 더해주다.
4.22 하위지가 "은혜가 수양대군에게로 돌아간다."며 상을 받을 이유가 없다고 아뢰다.
5.15 홍달손이 때맞춰 외방에서 돌아와 감순에 임명되다.
5.17 수양대군이 여러 종친과 더불어 왕비 맞기를 청하다.
8.24 이징석, 이징규가 수양대군 쪽에 서다.
9.25 황보인의 가동이 권람의 종에게 안평대군 등의 반역 음모를 말하다. 수양대군이 봉장을 올리자 임금이 기뻐하다.
9.29 한명회, 권람, 홍달손, 양정, 유수, 유하 등이 수양대군에게 와서 10월 10일을 거사 일로 정하다.
10.10 계유정난이 일어나다.
수양대군에게 군국의 중요한 일을 위임하여 총괄 통치하게 하고, 군사 140명으로 호위토록 하다.
10.11 이징옥을 해임하고 박호문으로 교체하다. 수양대군에게 영의정부사 영경연 서운관사 겸 판이병조사를 제수하다.
10.15 정난공신을 정하다.
10.25 이징옥의 난이 일어나다.
10.27 이징옥이 죽임을 당하다.
11.24 성삼문 등 사헌부에서 공 없는 공신들에 대한 문제를 제기하다.
11.29 정인지가 수양대군은 다른 신하의 예가 아닌 주공의 예로 대해야 한다고 말하다.

1454 단종 2년
1.22 송현수의 딸을 왕비로 책봉하다.
2.10 이후로는 직접 조계일에 상참을 받겠다고 이르다.
3. 1 이후로는 매월 3일에 경연관이 회강하게 하다.
8.28 계양군 이증이 금성대군의 의심스러운 일을 말하다.
11.25 세종이 임어하시던 자미당에서 눈물을 흘리다.
12.10 문무 당상관은 모두 흉배를 달게 하다.

1455 단종 3년
1.14 유언비어를 퍼뜨리는 자를 다스리도록 교시하다.
2.27 대신들이 화의군 이영, 최영순, 김옥겸 등이 금성대군 이유의 집에 모여 활을 쏘고 잔치를 벌이고도 이를 숨겼다며 이영을 유배하고 이유의 고신을 거두라고 청하다.
금성대군 이유와 화의군 이영은 고신을 거두고 외방에 부처하게 하고, 김옥겸 등 15명은 고신을 거두고 변방에 충군하는 등 금성대군 주변의 무사들과 환시들을 정리하다.
3.19 김충, 이귀 등 11명을 교형하고, 최습 등 25명은 변방 관노로 삼는 등 내시들을 대거 정리하다.
4.27 김종서의 집을 시녀 내은이에게 주다.
5.26 계양군 이증과 파평위 윤암 등이 수양대군을 만나 금성대군, 화의군, 혜빈,

상궁을 제거할 계책을 말하다.
윤 6.11 수양대군과 대신들이 합동으로
"금성대군이 은밀히 무사들과 결탁하고 혜빈,
상궁과도 결탁해왔다."며 죄줄 것을 청하다.
이에 혜빈 양씨, 상궁 박씨, 금성대군,
한남군, 영풍군, 정종을 귀양 보내다.
이어 한화 등에게 대임을 수양대군에게
전하려 한다고 전지하다.
이날로 수양대군이 즉위한 뒤
사저로 돌아가고 정인지가 영의정에 오르다.

1455 수양 1년
(즉위년이나 《세조실록》은 이 해를
수양 1년으로 표기하고 있다.)
윤 6.11 혜빈 양씨와 상궁 박씨의
가산을 적몰하다.
윤 6.20 단종은 창덕궁으로, 세조는
잠저에서 나와 경복궁으로 이어하다.
단종의 이어는 각 사에서 1명씩 나와
시위하고, 세조의 이어는 백관이 시위하다.
7.26 원자 이장을 왕세자로 책봉하다.
8. 1 육조직계제를 실시하다.
8. 9 하위지 등이 육조직계제를
반대하자 화가 난 세조가 하위지의 목을
베겠다며 국문하라고 명하다.
8.10 하위지를 용서하다.
9. 2 혜빈 양씨와 상궁 박씨를 처벌하라는
청에 살려주기로 상왕과 약속했다고 답하다.
9. 5 좌익공신을 정하다.
9.11 병조의 건의에 따라 거진체제를
실시하다.
10.22 좌익공신을 거느리고 회맹하다.
11. 9 혜빈 양씨 등 18명을 교수형에 처하다.
12.25 금귤, 유감, 동정귤, 감자, 청귤, 유자,
산귤 등을 3등급으로 나누어 분류하고
재배법, 접붙이기 등에 대해서도 언급하는 등

제주 감귤에 대한 세조의 유시가 있다.

1456 세조 2년
2.18 이이제이는 중국의 술책이라며
경계해야 한다고 말하다.
5.11 후궁을 들일 것을 청하자 색을
좋아하지 않는다고 답하다.
6. 2 성삼문 등이 단종의 복위를 기도하다.
6.25 집현전을 혁파하다.
6.27 금성대군을 경상도 순흥으로 이배하다.
12.30 대사헌 원효연 등이 상소하여
상왕(단종)이 "성삼문 등의 일에 동조하여
천명을 어기고 인심을 거슬렀다."고 거론하다.

1457 세조 3년
1. 7 환구단 제사를 명하다.
1.15 환구단에서 직접 제사를 올리다.
3. 7 신하들이 '승천체도열문영무'라는
존호를 올리다.
3.15 "신숙주는 나의 위징"이라고
너스레를 떨다.
세조가 경연을 폐하는 이유를 말하다.
3.28 술자리에서 "정난의 일은 한명회가 다
했다, 한명회는 비상한 사람이다."라며
한명회를 격찬하다.
6.21 백성 김정수가 예문관 제학 윤사윤에게
돈령부 판사 송현수와 돈령부 판관
권완이 반역을 꾀한다고 고변하다.
이에 단종을 노산군으로 낮추고 영월에
유배시키다.
6.26 의정부의 건의에 따라 현덕왕후를
폐서인하고 개장하다.
6.27 안동의 관노 이동이 이징석을
통해 금성대군 이유의 반란 음모를 고변하다.
7.15 권완을 능지처사시키다.
7.27 왕세자가 병이 들다.

9. 2 왕세자가 졸하다.
10. 9 금성대군에 대한 의금부의 수사 결과를
기록하다.
10.18 양녕대군과 효령대군이 단종과
금성대군의 처형을 청하다.
10.20 양녕대군이 반복해서 단종, 금성대군,
이영, 이어, 이전, 정종, 송현수의
처형을 청하다.
10.21 금성대군을 사사하고, 송현수를
교형하고, 나머지는 논하지 말게 하다.
단종이 이를 듣고 스스로 목매 자살하니
예로써 장사 지냈다고 기록하다.

1458 세조 4년
1. 4 《신찬 국조보감》을 완성하다.
2.12 술자리에서 정인지가 불경 간행에
대해 옳지 않다고 하자 세조가 격노하다.
4. 5 호패법을 공고하다.
4.24 수령고소금지법에 대해 문제를
제기하다.
9.12 《동국통감》을 편찬케 하다.
9.15 술자리에서 정인지가 세조를
'너'라고 부르다.

1459 세조 5년
2. 1 호패법을 시행하다.
8. 1 술자리에서 정인지가 또 무례를
범해 부여에 유배하다.
11.11 영의정 강맹경과 우의정 권람이
연회에서 풍악을 울리고 노는 것에 대해
옳지 않다고 했다가 임명 5일 만에 교체되다.

1460 세조 6년
3.22 이 해 들어 야인의 노략질이 계속되자
신숙주와 의논 끝에 북정을 결정하다.
3.28 한명회의 딸을 세자빈으로 삼다.

3간택이 사라지다.
5.22 줄일 수 있는 관사와 관원을 조사해 보고하라고 이르다.
7.27 신숙주가 북정 길을 떠나다.
8.13 한명회를 평안도 도체찰사로 명하다.
9.11 신숙주가 성공적인 북정 결과를 보고하다.
10. 4 중궁과 더불어 황해도와 평안도를 돌아보다.
10.24 야인 500여 기가 보복 공격을 해왔으나 80여 급을 쏘아 죽이고 적을 패주시켰다는 함길도 도절제사 양정의 보고가 있다.
11. 3 정인지가 풍수 관련 발언으로 세조의 분노를 사다.

1461 세조 7년
7.15 《경국대전》 중 〈형전〉 반포를 명하다.
10.20 정종을 능지처사하다.
11. 4 정종의 족친은 연좌시키지 말라 이르다.
11.30 왕세자빈이 아들(인성대군)을 낳다.
12. 5 왕세자빈 한씨가 졸하다.
12.14 영양위 공주(정종의 처, 문종의 딸)에게 집과 토지, 노비를 주다.

1462 세조 8년
4.27 사방지 사건이 일어나다.
5. 8 정창손의 실언 같지 않은 실언과 세조의 선위 소동이 있다.
9.20 한명회의 상소로 영북진을 설치하게 하다.

1463 세조 9년
3.10 술자리에서 실수가 없다는 이유로 이조 참의 어효첨을 이조 판서로 승진시키다.
4.18 왕세자궁을 호화롭게 지은

이들을 견책하다.
윤 7. 4 세조가 기생의 무리는 사람이 아니라는 독특한 기생관을 말하다.
윤 7. 6 한백륜의 딸을 왕세자의 소훈으로 삼다.
10.24 인성대군이 졸하다.
11.12 《동국지도》를 완성하다.
11.17 양성지의 건의에 따라 장서각(홍문관)을 짓도록 하다.

1464 세조 10년
3.27 궁중 생활만 하는 왕세자를 염려해 대군청 북쪽에 집 한 채를 지어 선비들과 교우케 하다.
4.19 문신은 말을 타고 활쏘기를 연마하고, 무신은 글을 읽어야 한다는 훈시를 하다.
6. 5 원각사를 짓기 시작하다.
8. 6 감찰 김종직이 잡학에 대해 반대했다가 파직되다.

1465 세조 11년
2. 6 권람이 졸하다.
4.12 봉석주의 역모 사건이 일어나다. 정난공신인 봉석주가 세조에게 여러 차례 꾸지람을 듣자 김처의 형제가 최윤과 역모를 꾀했다가 잘못될 것 같자 봉석주, 김처의 등이 역모를 꾀한다고 신고하다. 그러나 국문 과정에서 그 자신도 공모했던 것이 밝혀지다.
4.19 봉석주, 김처의, 최윤을 처참하다.
8.17 온양에 거둥하다.
8.25 충청관찰사 김진지와 충청도사 강인중을 대신들에게 뇌물을 준 혐의로 참형하다.
9. 4 대군 시절의 후첩인 소용 덕중이 구성군 이준에게 연애편지를 보냈다가

발각되다.

1466 세조 12년
1.15 영의정부사를 영의정으로, 부원군을 군으로, 서운관을 관상감으로, 오위진무소를 오위도총부로, 병마도 절제사를 병마도절도사로 관제를 고치다.
2.14 정인지가 또 취중에 세조를 태상이라 부르는 실수를 하다.
6. 8 양정의 퇴위 권유 사건이 일어나다.
6.12 양정을 참수하다.
8.19 월산군 이정이 박중선의 딸과 결혼하다.
8.25 과전을 혁파하고 직전법을 실시하다.

1467 세조 13년
1. 9 구성군 이준과 홍윤성에게 오위도총관을 겸하도록 명하다.
1.12 잘산군을 한명회의 딸과 결혼시키다.
2.15 친히 규형(원근을 재는 기기)을 만들다.
2.17 학조를 금강산에 보내 유점사를 중창하게 하다.
5.16 이시애의 난이 일어나다.
5.17 이준을 도총사로 삼다.
5.19 신숙주를 하옥시키고 한명회를 가택에 연금시키다.
5.22 신숙주의 칼을 느슨하게 한 죄를 물어 담당 관원을 거열형에 처하고, 한명회를 가두라는 이가 없다며 낭관들을 의금부에 내리다.
6. 6 신숙주와 한명회를 석방하다.
6.14 유자광이 등장하다.
6.24 강순이 이끄는 선발대가 북청전투에서 승리하다.
8. 4 전면전에서 관군이 다시 승리하다.

8. 8 이시애군이 와해되다.
8.12 이시애 형제를 체포하다.
8.17 명나라에서 파병을 요청하다.
9.20 적개공신을 정하다.
9.22 대간의 반대를 무시하고 유자광을 병조 정랑에 임명하다.
10.10 이만주를 죽이는 등 강순의 승전보가 전해지다.

1468 세조 14년

2.20 나계문의 아내 윤덕녕이 남편의 억울함과 홍윤성의 비리를 밝히다.
5. 1 남이가 구성군을 질투하다.
7.17 이준을 영의정에, 남이를 도총관에 임명하다.
7.22 왕세자에게 선위하려는 뜻을 밝히고 대신 17명에게 4조로 나누어 번갈아 나와 왕세자와 의논하여 서무를 결정하라고 명하다.
8.14 창덕궁 후원에 새 건물을 지으라고 명하고 이름은 무일전으로 짓다. 왕세자에게 선위한 뒤 휴양을 하려는 의도이다.
8.23 남이를 병조 판서에 임명하다.
9. 7 왕세자에게 선위하다.
예종이 수강궁 중문에서 즉위하다.
9. 8 태상왕이 명해 소훈 한씨를 왕비로 삼다.
태상왕이 수강궁 정침에서 훙하다.

조선과 세계

조선사

- 1452 단종 즉위
- 1453 계유정난
- 1454 《세종실록》 완성
- 1455 수양대군이 단종의 왕권을 탈취
- 1456 사육신 사건으로 집현전과 경연 폐지
- 1457 단종, 강원도 영월로 유배
- 1458 태조, 태종, 세종, 문종의 《국조보감》 완성
- 1459 호패법 시행
- 1460 《경국대전》 편찬 시작
- 1461 공물 대납 금지
- 1462 양녕대군 사망
- 1463 경상도에 양전 실시
- 1464 세조, 원각사 건립을 명함
- 1465 원각사 건립
- 1466 과전법 혁파하고 직전법 실시
- 1467 이시애의 난
- 1468 세조 사망

세계사

- 신성로마제국, 프리드리히 3세 즉위
- 프랑스, 영국군 격파하고 백년전쟁 종료
- 신성로마제국, 구텐베르크 면죄부를 인쇄
- 영국, 장미전쟁 시작
- 포르투갈, 엔히크 왕자의 탐험대가 베르데 곶 발견
- 명, 타타르군 침입해옴
- 명, 《대명일통지》 편찬 시작
- 세르비아, 오스만튀르크의 속국이 됨
- 스코틀랜드, 제임스 3세 즉위
- 프랑스, 루이 11세 즉위
- 러시아, 이반 3세 즉위
- 이탈리아, 베네치아에 유럽 최초 공공도서관 설립
- 프랑스, 제후들이 루이 11세에 대항하여 공익동맹 결성
- 영국, 헨리 6세 체포되어 런던탑에 유폐
- 폴란드, 제2차 토룬 화약
- 일본, 오닌의 난으로 전국시대 시작
- 프랑스와 부르고뉴공국의 분쟁

Summary
The Veritable Records of King Danjong and Sejo

Treason after Treason

After Munjong's death, his young son and heir, Danjong, was left alone with no one to look after him in the palace. All of his family caretakers had passed away—his grandfather, Sejong; his grandmother; his father, Munjong; and his mother—and because he was not yet married, he did not have a wife or in-laws to support him. Isolated and lonely, the 12-year-old Danjong ascended to the throne.

The high officials who served during Sejong and Munjong's reign stayed close to the young Danjong, guiding him to become a wise king. However, the year after being crowned, his uncle Prince Suyang staged a coup. During the uprising, prince Suyang's supporters murdered Danjong's closest advisers—Hwang Boin and Kim Jongseo—and seized political power. Danjong had no choice but to appoint his uncle the chief state councilor and to allow him to rule as the prince regent.

Keeping a low profile, Danjong tried to expand his power and maintain his claim to the throne by attending morning assemblies, holding round discussions (Yundae), and participating in Confucian royal lectures. However, when Prince Suyang accused Danjong's close advisors, including Prince Geumseong, of criminal acts, Danjong voluntarily stepped down from the throne.

When Prince Suyang (King Sejo) ascended the throne, he executed the ministers who had conspired to restore Danjong to the throne and shut down the Hall of Worthies. The following year, Sejo also executed Danjong for his involvement in those plans to return him to power. Overthrowing his nephew and becoming king violated Sejo's filial duties to protect the young king, so his reign was marred by public uprisings. Seeking to shore up his royal authority, Sejo built a strong centralized government, sought to increase public welfare and encouraged the development of a wealthy state and strong army. However, treason lead to further treason, and his excessive cronyism when it came to his vassals of merit led to corruption.

The Veritable Records of the Joseon Dynasty

In the Joseon Dynasty, there were always officials who followed and monitored the king. They slept in the room adjacent to where the king slept, and they attended every meeting the king held. The king could not go hunting or meet a person secretly without these officials being present.

Total of eight officials, relatively low-ranking ones whose grades ranged from Jeong 7th to Jeong 9th, were called 'Sagwan,' and in rotation they observed and recorded all the details of daily events that involved the king, things that the king said, and things that happened to him. The authority and confidentiality of these officials were guaranteed by the system, and their work was not to be intervened or interrupted by others. The drafts created by them were called 'Sacho.' Even the king was not allowed to read those drafts, and the compilation process only began after the king's death.

When the king passed away, the highest ranking governmental official would be appointed as the chief historical compiler. A research team would collect all the drafts and relevant supporting materials, select important records with historical significance, and organize them in a chronological order. The finished product was usually called 'Sillok,' which means veritable records.

These "Annals" were created under strict regulations and protocols. Total of five sets were published. One set was kept in the king's palace, and the rest of them were stored in special repositories located in remote mountains far from the capital, in order to avoid possible damages in a disaster. Although only four copies were made in the beginning, when three sets out of four were incinerated during the war with the Japanese in the 1590s, Joseon began to make five copies to prevent the same problem.

The Veritable Records of the Joseon Dynasty features a most magnificent scale, as it is a record of all the events that occurred over 472 years, from the reign of King Taejo to the reign of the 25th King Cheoljong (1392~1863). It consists of 1,893 volumes and 888 books (total of 64 million Chinese characters).

The Veritable Records of Joseon was allowed to be read in only special occasions. But if it was so, why did they put such a tremendous amount of effort into recording their own history? And why would such efforts have continued throughout the history of Joseon? The people of Joseon must have thought it was very important to live a life that would not be shameful to their own descendants.

Source: A Korean History for International Readers, Humanist, 2010.

세계기록유산,《조선왕조실록》

《조선왕조실록》이란?

　《조선왕조실록》은 국보 제151호이자 유네스코 세계기록유산(1997년 지정)으로 조선 건국에서부터 철종까지 472년간을 편년체로 서술한 역사 기록물이다. 총 1,893권, 888책이며, 한글로 번역할 경우 300여 쪽의 단행본 400권을 훌쩍 넘는 분량이다. 철종 이후의 기록인 《고종실록》과 《순종실록》도 있으나 이것은 일본의 지배하에 편찬된 터라 통상 《조선왕조실록》으로 분류하지 않는다. 《단종실록》, 《연산군일기》, 《선조실록》, 《철종실록》처럼 기록이 부실한 경우도 있는데 정변이나 전쟁, 세도정치라는 시대 상황이 낳은 결과이다. 또한 《선조수정실록》, 《현종개수실록》, 《숙종실록보궐정오》, 《경종수정실록》처럼 뒷날에 집권한 당파의 요구에 의해 새로 편찬된 경우도 있다. 하지만 원본인 《선조실록》, 《현종실록》, 《숙종실록》, 《경종실록》을 폐기하지 않고 함께 보존함으로써 당대를 더욱 정확히 알게 해준다. 이렇듯 《조선왕조실록》은 그 기록의 풍부함과 엄정함에 더해 놀라운 기록 보존 정신까지 보여주는 우리 선조들의 위대한 유산이다.

《조선왕조실록》은 어떻게 기록되었나?

　조선은 왕이 사관이 없는 자리에서 관리를 만나는 것을 엄격히 금지했다. 또한 왕은 원칙적으로 사관의 기록(사초)을 볼 수 없었다. 신하들도 마찬가지여서 실록청 담당관을 제외하고는 누구도 볼 수 없었다. 그래서 사관들은 왕이나 권력자의 눈치를 보지 않고 보고 들은 일들을 있는 그대로 기록할 수 있었다. 왕이 죽으면 실록청이 만들어지고 모든 사관의 사초가 제출된다. 여기에 여타 관청의 기록까지 참조하여 실록이 편찬된다. 해당 실록이 완성되고 나면 사초는 모두 물에 씻겨졌다(세초). 이렇게 만들어진 실록은 여러 곳의 사고에 나누어 보관되는데, 이 또한 후대 왕은 물론 신하들도 열람할 수 없도록 했다. 선대의 왕들에 대한 기록이나 평가로 인해 필화 사건이 생기지 않도록 한 것이다. 이 같은 원칙들이 철저히 지켜졌기에 《조선왕조실록》이 오늘날까지 존재할 수 있었다.

도움을 받은 책들

《국역 조선왕조실록 CD-ROM》, 서울시스템주식회사, 1995.
강재언, 《선비의 나라 한국 유학 2천 년》, 한길사, 2003.
김경수, 《'언론'이 조선왕조 500년을 일구었다》, 가람기획, 2000.
김문식·김정호, 《조선의 왕세자 교육》, 김영사, 2003.
김희영, 《이야기 중국사》 3, 청아출판사, 1986.
박덕규, 《신숙주 평전 - 사람의 길, 큰사람의 길》, 둥지, 1995.
박영규, 《조선의 왕실과 외척》, 김영사, 2003.
박영규, 《한 권으로 읽는 조선왕조실록》, 들녘, 1996.
신명호, 《조선의 왕》, 가람기획, 1998.
윤정란, 《조선의 왕비》, 차림, 1999.
이덕일, 《김종서 평전 - 거칠 것이 없어라》, 김영사, 1999.
이덕일, 《사화로 보는 조선 역사》, 석필, 1998.
이덕일, 《살아있는 한국사》 2, 휴머니스트, 2003.
이상협, 《조선전기 북방사민 연구》, 경인문화사, 2001.
이성무, 《조선왕조사》 1, 동방미디어, 1998.
이이화, 《이야기 인물 한국사》 5, 한길사, 1993.
이이화, 《이이화의 한국사 이야기》 9, 한길사, 2000.
임용한, 《조선 국왕 이야기》, 혜안, 1998.
장영훈, 《왕릉풍수와 조선의 역사》, 대원미디어, 2000.
최범서, 《야사로 보는 조선의 역사》 1, 가람기획, 2003.
최정용, 《조선조 세조의 국정운영》, 신서원, 2000.
한국고문서학회, 《조선시대 생활사》, 역사비평사, 1996.
한국생활사박물관 편찬위원회, 《한국생활사박물관》 9, 사계절, 2003.

박시백의 조선왕조실록 5 단종·세조실록

1판 1쇄 발행일 2005년 4월 11일
2판 1쇄 발행일 2015년 6월 22일
3판 1쇄 발행일 2021년 3월 15일
4판 1쇄 발행일 2024년 6월 24일

지은이 박시백

발행인 김학원
발행처 (주)휴머니스트출판그룹
출판등록 제313-2007-000007호(2007년 1월 5일)
주소 (03991) 서울시 마포구 동교로23길 76(연남동)
전화 02-335-4422 **팩스** 02-334-3427
저자·독자 서비스 humanist@humanistbooks.com
홈페이지 www.humanistbooks.com
유튜브 youtube.com/user/humanistma **포스트** post.naver.com/hmcv
페이스북 facebook.com/hmcv2001 **인스타그램** @humanist_insta

편집주간 황서현 **편집** 최인영 박나영 강창훈 김선경 이영란 **디자인** 김태형 **사진** 권태균 **영문 초록** 김하연
번역 감수 김동택 David Elkins **조판** 프린웍스 **용지** 화인페이퍼 **인쇄** 삼조인쇄 **제본** 해피문화사

ⓒ 박시백, 2024

ISBN 979-11-7087-167-5 07910
ISBN 979-11-7087-162-0 07910(세트)

- 이 책은 저작권법에 따라 보호받는 저작물이므로 무단 전재와 무단 복제를 금합니다.
- 이 책의 전부 또는 일부를 이용하려면 반드시 저자와 (주)휴머니스트출판그룹의 동의를 받아야 합니다.

조선왕조실록 연표
단종·세조

- 수양대군, 명에 사신행
- 이징옥의 난
  수양대군의 견제에 반발했으나 수하에 의해 피살
- 6조직계제 부활
- 집현전 혁파
  강력한 왕권 구축을 위해 유교 정치 시스템을 차례로 폐지
- 호패법 부활
- 과전법 혁파, 직전법 실시
- 강순, 이만주 세력 토벌

| 1452 (단종 즉위년) | 1453 (단종 1) | 1455 (세조 1) | 1456 (세조 2) | 1457 (세조 3) | 1459 (세조 5) | 1460 (세조 6) | 1466 (세조 12) | 1467 (세조 13) | 1468 (세조 14) |

- 계유정난
  수양대군, 김종서와 황보인 등을 죽이고 권력 장악
- 세조 즉위
- 단종 복위 운동
- 단종 자진
- 신숙주의 북정 성공
- 이시애의 난
- 예종 즉위

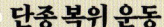

유응부 성승 성삼문 하위지 박팽년

조선왕조실록 가계도 및 주요 인물
단종·세조

( ) 이름, 생몰년 / 재위년 　　═══ 배우자　　| 직계

- 4대 세종 ═══ 소헌왕후 심씨
  - 5대 문종 ═══ 현덕왕후 권씨
    - **6대 단종**端宗 (홍위弘暐, 1452~1455 / 1441~1457) ═══ 정순왕후 송씨 1440~1521 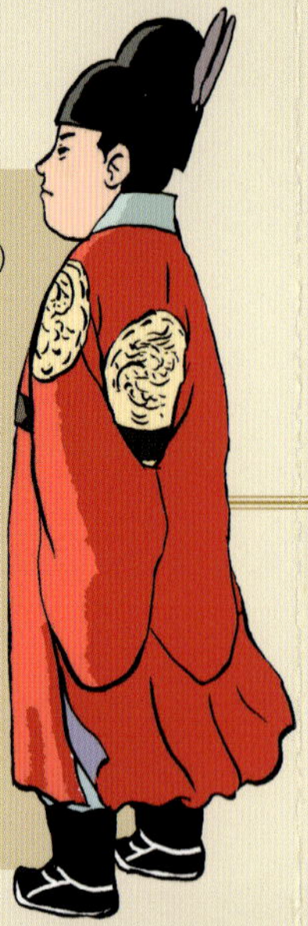
  - **7대 세조**世祖 (유瑈, 1455~1468 / 1417~1468) ═══ 정희왕후 윤씨 1418~1483
    - 의경세자 숭(덕종)
    - 해양대군 황(8대 예종)
    - 의숙공주
  - ═══ 근빈 박씨 ?~?
    - 덕원군 서
    - 창원군 성

세조의 핵심 참모: 신숙주, 한명회

계유정난의 희생자들: 김종서, 황보인